社会福祉学の探求

古川孝順

誠信書房

はしがき

著者が母校、日本社会事業大学社会福祉学部に入学したのは、一九六〇（昭和三十五）年のことである。今から数えて五十一年前のことになる。入学して半世紀を超え、卒業して四十七年ということになる。

入学当時、母校は渋谷区原宿の東郷神社に隣接する、古色蒼然の草臥《くたび》れた建物に位置していた。原宿といっても現在の原宿とは大違いである。現在の殷賑《いんしん》は、一九六四（昭和三十九）年に開催された東京オリンピック以来のものである。原宿は新宿と渋谷の中間に位置しているとはいえ、裏通りの人気《ひとけ》も少ない道筋から、東郷神社の境内に抜けて通学した。

大学の物理的な環境は、とても恵まれているとはいえないものであった。しかし、今にして思えば、日本社会事業大学に在籍した四年間の学生生活は充実したものであった。その頃、日本社会事業大学には、木田徹郎、吉田久一、小川政亮、鷲谷善教、五味百合子、仲村優一、石井哲夫、飯田精一、小川利夫、小松源助などの諸教授が在籍されていた。錚々《そうそう》たる教授陣であった。

著者は、最初は学生として、次いで一九六一（昭和四十六）年から一九九一（平成三）年までは同僚として、これら教授陣の謦咳《けいがい》に接し、大変お世話になった。著者が今日あるのは、こうした教授陣の薫陶によるところ大きい。なかでも、石井哲夫教授には、著者が卒業後研究者、教育者として生きる道筋をつけていただいた。感謝して余りあるところである。

経歴について若干付言しておきたい。著者は、日本社会事業大学を卒業して後、東京都立大学大学院人文科学研究科修士課程に学び、修了後一年を経過した一九六七（昭和四十二）年の四月、熊本短期大学社会科（現熊本学園大学社会福祉学部）に専任講師として赴任した。そこで四年間の勤務し、日本社会事業大学の専任講師として東京に戻り、そこで助教授、教授として通算二十年間勤務した。一九九一（平成三）年の四月には東洋大学社会学部に転じ、二〇一二（平成二十四）年の三月で、二十一年が経過することになる。

こうして、著者は、熊本短期大学に赴任して以来、通算四十五年間、研究者、教育者として三つの大学に在籍したことになる。振り返れば半世紀に近い歳月である。長いようであるが、邯鄲《かんたん》一炊《いっすい》の時間であったかとも思える。しかし、この四十五年間、著者は、社会福祉学の研究者、教育者として時間を過ごし、さまざまに恵まれた経験を持つことができた。

ただ、その間、常に脳裏を去ることのなかった思いがある。それは、どのようにすれば社会福祉を一つのディシプリンとして学生や院生諸君に伝えることができるかという一事である。そのように伝達可能なものとして社会福祉学を構築したいという思いである。その思いが、本書の書名を、『社会福祉学の探求』にさせた。

著者に限らず、同世代の社会福祉の研究者、教育者たちは、社会福祉を学際的な研究の領域として扱う教授陣の薫陶を受けている。日本社会事業大学で指導を受けた教授陣も基本的にはそうであった。それぞれの教授は、社会学、経済学、法学、心理学、あるいは教育学などの、いわば既成の科学に足場を置いて社会福祉を研究し、その成果をもって社会福祉の学生を教育する。著者たちは、それに学んで今日の基礎を築いてきた。

その薫陶については、重畳するが感謝して余りある。ただ、難渋したのは、学際的に研究を行う教授陣の提供する個別の専門的な知識、あるいは理念や思想を吸収し、社会福祉にかかわる専門的な知識、理念や思想として取りまとめ、体系化するという手続きは、学生に一任されていたということである。そのことは社会福祉に限らず、学際的な領域で行われる教育に共通したことであったろう。学際領域に取り組む学生が避けて通れない困難であったし、今の学生にとってもそうであろうと思う。

卒業後、社会福祉を研究し、教育する立場に変わったとき、著者その困難について改めて考えさせられることになった。社会福祉を学ぶ学生たち、社会福祉の研究に取り組もうとする院生たちに、どのようにすれば社会福祉を理解し、実践し、研究するに至る道筋を示すことが可能になるのか。いかにすれば、社会福祉の研究を一つのディシプリン、つまり社会福祉学として構築することができるか。この間、なかでもこの二十年余り、著者なりに、そのことに力を尽くしてきたつもりである。しかし、もとより今もって道は遠い。学際科学から複合科学へ、さらには融合科学へ、というのが著者の社会福祉学成熟の構想であるが、融合科学への道は険しい。来春三月に一区切りを迎えるという時期になり、その感は一層深い。ここで複合科学というのは、学際科学として始まった社会福祉研究が一定の蓄積を持つことによって、それまで学際的に展開されてきた諸科学の境目（学際）が徐々に薄れる状態にある科学のことであり、融合科学はそれが消滅し、新たな一箇の科学の体系として、ある種の自己完結性、自足性を持つようになった科学のことである。

さて、本書の構成であるが、これまで執筆してきた文章のなかから、エッセイに近い論文、巻頭言、随想などに類する論稿を取りまとめて編集した。

第一章は、それぞれ、岡山県立大学（二〇〇八〈平成二十〉年）、法政大学（二〇〇九〈平成二十一〉年、日本福祉大学（二〇一〇〈平成二十二〉年）を会場として開催された、日本社会福祉学会の年次研究発表大会の発表要旨集の巻頭に執筆した、三本の会長挨拶を中心に構成した。著者はかねて、わが国の学会においても、アメリカの学会などで実施されている会長講演（プレジデント・アドレス）に相当する講演を実施すべきではないかと考えてきた。学会の会長は、学会という組織の運営に責任を持つことを職責とする。しかし、それ以上に、学会という組織の本来の目的である学術研究の発展に貢献することが、求められるはずである。著者は、わずかであれ、その責を果たせればという思いから、発表要旨集にそれぞれの各年次大会のテーマに沿うかたちで、会長としての所感を開陳させていただいた。この細やかな試みが会員諸氏にどのように評価されたか、それは定かではない。ただ、多少とも著者の意図がご理解いただけたとすれば幸甚である。収録した文章は、編集の都合上、加筆・修正した部分を除き、ほぼ原文である。

第二章は、社会福祉学の研究と教育にかかわる小品を集めて構成した。ただし、教育といっても、社会福祉学教育の全般に言及したものではない。社会福祉士の資格制度や大学改革問題に、わずかに言及した論稿である。著者の意図するところについては、関連する論稿で補っていただきたいと思う。

第三章は、ライフデザイン学について言及した論稿である。著者は、東洋大学に第9番目の学部としてライフデザイン学部を開設する作業にかかわったが、その前後の時期に執筆した論稿を収録した。ライフデザインという用語そのものについては幾つかの前例が見られるが、ライフデザイン学という標記や、それを学部の名称にする試みは、国の内外を通じて最初であろうかと思う。学部設置の準備過程においては、果たして高校の教職員、保護者、何よりも受験生世代に理解してもらえるかどうか、危惧の念がなかったわけではない。しかし、幸いライフデザイン学部の歩みはまずは順調であり、類似の学部名称や学科名称をつけて追随する大学も、幾つか見られるようになっている。ライフデザイン学という構想の持つ特徴の一つは、人間の生活を、社会福祉（生活支援）、健康、そして環境という、従来に類を見ない学際的なアプローチで捉えようとするところにある。いま一つの特徴は、生活の現状、実態についての分析を踏まえながら、生活の将来を展望し、そのありようを設計（デザイン）する、という視点から捉えようとするところにある。もとより、このようなライフデザイン学の構想は著者だけのものではないが、収録した論稿を通じて、その趣旨や内容についてご理解をいただければと思っている。

第四章は、東洋大学社会学部の教員、卒業生を構成員とする白山社会学会の年報に、巻頭言として執筆した文章をもって構成している。そのときどきの社会学や社会福祉学に関連するエピソードや、著者自身の経験に事寄せるかたちで短い文章を綴り、白山社会学会会長としての責を果たそうとし試みた小品である。文字通り研究余話として、つれづれにお読み願えればと思う。

著者は定年を迎えるにあたり、四十五年にわたる社会福祉学の研究と教育の生活に一応の区切りをつけるという趣旨で、本書とは別に、一九八〇年代後半以降の編著書に収録した論稿や、専門雑誌に寄稿した論稿を中心に編集した『福祉改革研究――回顧と展望』（中央法規出版）と、講演の草稿や論文を素材に、著者なりのこれからの社会福祉のありようを展望する口語体の論文集『社会福祉の新たな展望――現代社会と福祉』（ドメス出版）の刊行を予定している。併せてご一読いただければ幸いである。

巻末には、四十五年間に及ぶ社会福祉学研究を総括する意味を込め、著書（単著、共著、編著、共編著、分担執筆）、論文（単著、共著）、翻訳、辞典等の一覧を掲載した。ほとんどすべてを網羅していると思われる。論文その他については多少漏れているものもあろうかと思われるが、それでも著者の仕事の大筋を示すうえでは十分かと思われる。

最後に、末尾になってしまったが、出版事情が逼迫するなかで本書を刊行していただいた誠信書房の皆さんに感謝の意を表したい。振り返ってみれば、誠信書房を通じて、五冊（改訂版を含めれば六冊）の単著をはじめ、編著、辞典など多数の著書を世に問う機会を得ることができた。直接担当していただいたのは、松山由理子さん、そして中澤美穂さんであるが、その背後で著者の仕事を見守り、支援していただいたのは、先代社長の柴田淑子さん、現社長の柴田敏樹さんである。さらに、ここでお一人ずつお名前を挙げることはできないが、これまで長い年月を通して、編集、営業など関係各部署の皆さんにもさまざまのかたちでご支援をいただいた。誠信書房の皆さんに改めて、衷心から御礼を申し上げたいと思う。

二〇一一年十一月　　四十五年を振り返りつつ記す

著　者

目次

第1章

社会福祉学の争点

1　社会福祉学の視点

日本学術会議のメンバーシップとしては、社会福祉学は社会学委員会に属し、分科会を構成している。先般、二〇〇八年六月七日に、社会学系コンソーシアムのキックオフ・シンポジウムが開催され、その際、パネル・ディスカッションの午後の部「求められる社会福祉の未来像」に、討論者として参加する機会を与えられた。各報告者の報告内容、質疑等を含め大変興味深いものであり、参加者ともども有意義な経験をもつことができ、感謝している。

討論者に期待された役割は、各報告者の報告について個々にコメントを行うとともに、その後の質疑応答に一定の方向を与えるように発言する、ということであったかと思う。しかし、「社会福祉を取り囲む経済環境の変化」（阿部彩氏）、「生活課題の複合化と地域福祉のあり方をめぐって」（三本松政之氏）、「社会福祉の教育を展望する」（白澤政和氏）という各報告者のタイトルが示すように、議論の内容も方法論も多岐にわたるものであり、それぞれの報告について過不足のないコメントを行い、かつ討論全体のとりまとめを行うだけの力量など、とうてい持ち合わせるものではない。

以下、社会福祉学の研究がどのような性格のものであるかを紹介しつつ、各報告の一端に言及することで責を塞《ふさ》ぎたいと思う。

(1) 実践の領域と実践の科学

しばしば、社会福祉は実践の領域に属し、社会学の応用分野であるとされる。実際、学術会議では、社会福祉学が社会学委員会に属していること自体、そのことを物語っているといえそうである。しかし、社会福祉学の側からいえば、この命題の前半は首肯できるが、後半は首肯しがたい。社会福祉が実践活動の領域に属すること、そして社会福祉学がそのような実践活動を研究の対象としていることはそのとおりである。社会福祉はその長い歴史を通じて、貧困、幼弱、障害、高齢、疾病、密住などの生活上の困難や障害を緩和・軽減・解決することを目指してきたし、これからもそのことが変わるわけではない。

しかし、社会福祉学が社会学の応用領域であるということについては、半分は正しいが、半分は適切性に欠けているといわなければならない。まず、半分は正しいというのはこういうことである。

社会福祉は生活問題の緩和・軽減・解決を目指すにあたって、社会学の知識を活用することが多い。その意味では、社会福祉は社会学の応用領域であるといってよい。ただし、社会学という知識の体系が既成の体系として存在し、その応用領域として社会福祉が形成されてきたというわけではない。たとえば、アメリカ社会学の源流の一つとされるアメリカ社会科学協会の活動をみると、社会学も社会福祉学も十九世紀最後の四半世紀の頃、貧困、失業、犯罪、売春、スラム、移民問題などのいわゆる社会問題に関心をもつ人々が一堂に会し、その原因や解決の方向などについて熱心に議論するという経験から始まっている。やがて、そうした人々が、社会問題やその背後にある社会現象について法則定立的な観点から関心をもつ集団と、社会問題を実際的に緩和・軽減・解決することに関心をもち続けた集団に分化していった。私の理解では、前者の集団が社会学の淵源《えんげん》となり、後者の集団が社会福祉学の領域を形成した、ということである。

その後の歴史のなかで実践の領域として発展した社会福祉は、実践そのものと、その実践を科学的な研究の対象とする社会福祉学に分化する。また、社会学のほうも、もっぱら社会の理論を追究する集団と、実践の領域に関心をもつ集団が形成される。昨今では、後者の系譜のなかにも、臨床社会学という領域が形成されているようである。

（2）学際科学から融合科学へ

このように、歴史的にも現実的にも、社会福祉学は社会学と最も密接な関係をもっている。しかし、社会福祉学は、社会学の知識や研究方法のみを応用しているわけではない。
貧困、失業、犯罪などの伝統的な問題から、児童・高齢者虐待、家庭内暴力、ニート、ワーキングプアなどの新しいといわれる諸問題まで幅広い範囲の問題や課題に取り込むということになると、社会福祉は、経済、法律、政治、行政、経営などに関心をもたざるを得ない。障害児・者の自立支援、高齢者の介護ということになると、心理、医療、看護、家政などに関心をもつことになる。こうしたことからいえば、社会福祉は経済学、法律学、政治学、経営学、心理学、教育学、医学、看護学などの応用領域であったり、適用範囲であったりする。その意味では、社会福祉学は優れて学際科学的な活動の領域、さらには研究の領域ということになる。

こうしてみると、社会福祉学はまるで関連諸科学のごった煮的状況にあるようにみえる。関連科学というか、既成科学というか、その観点からいえば、社会福祉学は自己の科学の応用領域ではあっても、それ以上のものではないという認識にもなりかねない。

しかし、社会福祉学の内側からみると、社会福祉学はその生活上の課題や障害の解決という課題を追求するために関連諸科学を活用しているのであり、その背後には活用のための一定の基準や枠組みが存在している。そして、そのような一定の基準や枠組みは、基本的には、社会福祉という実践活動の蓄積とその分析のなかから導出されてきたものである。

社会福祉にかかわる経験の蓄積から、そのような一定の基準や枠組みを析出し一般化するという作業と、その成果としての知識や技術の体系、それらが社会福祉学の内容をなすものである。

このような意味での社会福祉学が、社会学、経済学、法律学、心理学などの法則定立的な諸科学と並列される領域といえるかどうか、そのことについては議論の余地があろう。しかし、教育学、農学、さらには医学などが、学際科学的な側面を濃厚にもちながらも一つの科学の領域として認知されていることからすれば、社会福祉学もまた、そのような性格をもつ科学の領域と見なしうるであろう。教育学、農学、医学などの領域は、多かれ少なかれ学際科学から出発し、複合科学の段階を経て融合科学ともいうべき状況に到達していると見なされるが、その方向は社会福祉学の期待するところでもある。

(3) 個別的アプローチ

ところで、社会福祉の技術の一つに、ケースワークと呼ばれる領域がある。ケースワークのケースには別系統で箱という意味があり、個別的箱づくりなどと揶揄《やゆ》されることもあるが、ケースは確かに雑多なもののなかから一人の人間、家族、あるいは利用者を抽出し、それを他と区別して個別に扱うために用いられる分類箱である。ケースワークは、生活上の困難や障害をもつ人間や家族を、他と区別して個別的に扱うという方法で援助する技術である。

社会福祉にはケースワーク以外にも、グループワークやコミュニティワークという援助技術の領域があるが、それらはグループやコミュニティを援助の単位としながらも、その理解や援助の仕方はやはり個別的であり、その意味においてケースワークと同じ範疇《はんちゅう》にある。すなわち、この個別性の追求というアプローチの仕方は、社会福祉学の重要な特徴の一つである。社会福祉学の方法は、一般化、普遍化を求める法則定立科学的というよりも、個別性を重視する個性記述科学的である。

このような観点から阿部彩氏の「社会福祉を取り囲む経済環境の変化」に接すると、その定量的な手法の斬新さに強い印象をもちつつも、次の段階への期待として、阿部氏の析出する社会的な格差というものが、個人や家族、地域社会のレベルではどのように現出しているのであろうかと考えることになる。もとより、このことは阿部氏のマクロレベルの定量的研究の意義を軽視するものではない。

一方において、格差の拡大（貧困の拡大）そのものの存在を認めないような言説があり、他方において、格差の存在は発展のための競争を刺激するインセンティブになりうると主張し、格差の存在を積極的に是認するような言説がある。そうした状況において、格差の存在と拡大の傾向を裏づける定量的研究のもつ意味は大きい。

社会福祉学においてもマクロレベルの政策論的アプローチは不可欠であり、国、都道府県といったレベルの定量的な研究は重要な意味をもっている。それがなければ、政策的な対応策を立案し設計することは不可能である。

しかし、そのような政策論的な対応も、最終的には個人、家族、地域社会レベルにおける問題状況の緩和・軽減・解決に結びつかなければ、成果があったとはいえない。そこに、マクロレベルの定量的な研究とともに、個人、家族、地域社会に個別的にアプローチする、個別的ないし個性記述的な社会福祉学独自の研究方法が求められることになる。

(4) 地域社会の二面性

三本松政之氏の「生活課題の複合化と地域福祉のあり方をめぐって」は、近年の社会変動に伴い、多様化、複合化、高度化している生活上の課題や問題に対して、地域社会を機軸とする対応策が採用されるようになっていることについて、先行研究や行政文書などを猟渉し、そのような方向が採用されることになった背景、契機、意義、理論的含意などを整理している。三本松氏の整理は的確であり、いくつもの示唆を含んでいる。

実際、近年社会福祉の領域では、多様な角度から地域社会に対する関心が高まっている。たとえば、地域社会は生活支援の場であり、生活支援の手段である。すなわち、地域社会における生活支援であり、地域社会による生活支援である。こうした方向への転換は、社会福祉が伝統的に、居住型施設への入居（収容）をもって生活支援の方法としてきたことへの反省を契機にするものである。地域社会重視の背景には、社会福祉が長いあいだ、貧困者や障害者を生活の場としての地域社会から分離させ、施設に入居させることをもって唯一の対応策としてきたことへの反省である。地域社会における生活支援、すなわち地域福祉は、社会福祉の多様な利用者を、その最も身近な生活の場であり、人と人とのつながりの場としての地域社会において支援する社会福祉援助の方法である。

この方法は、三本松氏の指摘するように、従来の支援方法についての実践的かつ理論的な反省に依拠するものであって、実際にも効果をあげてきている。その事実に照して、地域社会における、そして地域社会による生活支援の有効性や重要性に、異論を差し挟むものではない。ただ、そこに一抹の懸念がないわけではない。

それは、地域社会の積極的なプラスの側面が強調されることはいいとして、三本松氏も一部言及しているように、地域社会は生活上の問題が緩和・軽減・解決される場であると同時に、生活上の問題を生み出す場でもあるからである。地域社会は、共同体としてその構成員のうちに相互扶助や協働が形成される場であり、その文脈において生活支援の場となり、また生活支援の手段となる。しかし、同時に、地域社会は異質な属性をもつ人々（あるいはそのようにラベルを貼られた人々）を排除する場であり、外来者には過酷な場所である。

地域社会がそうした二面性をもつことは、かつての村八分や外国籍労働者に対する社会的排除を引き合いに出すまでもなく、すでによく知られている事実である。昨今の地域福祉の議論のなかでは、地域社会のもつそのような負の側面が軽視されているように思えるところがある。地域社会は決して万能薬的な存在ではない。

社会福祉の領域においては、地域福祉の領域に限らず、その原型をユイやテツダイなどの伝統的な共同体に特有の組織や行動原理に求める傾向がみられる。たしかに、現代の社会福祉においてもユイやテツダイなどに照応するような組織や行動原理が、重要な役割を果たしている。しかし、それらは、かつてのユイやテツダイそのものではない。社会福祉の組織や行動原理は、それらが現代的に再構築されたものである。

社会福祉の原型については別の視点を立てることも可能である。社会福祉の原型は、共同体の内部に存在するというよりは、むしろ共同体と共同体のせめぎあいで、境界の部分にあるのではないか。少なくともイギリス救貧法の歴史などをみると、救貧施策は、共同体の外来者（共同体から離脱した乞食や浮浪者）を排除しようとする行動や組織から出発し、やがて徐々に彼ら外来者や内部の脱落者（貧困者や失業者）を共同体のなかに組み込み、定住、定着させようとする営みや組織として発展してきたのである。

現代社会は分権化と地域化の時代である。この傾向は今後とも強調され、拡大することはあっても、逆行することはないであろう。そのことを前提にしつつ、またそうであればこそ、地域社会のもつ二面性に留意しておかなければならない。

（5）個人と社会のあいだ

白澤政和氏による「社会福祉の教育を展望する」は、二〇〇七年末、社会福祉士及び介護福祉士法の改正が実現したことを契機に、わが国における社会福祉教育が転機を迎えていること、そしてその内容が社会福祉の実践性をより高める方向にあることを指摘した報告となっている。社会福祉教育のありようについては多様な議論が行われているが、社会福祉士資格に伴う専門職養成教育が社会福祉援助の実践性をより高めるという方向にあることは、白澤氏の指摘するとおりであろう。

しかし、そこでいう社会福祉の実践とは何か、そのことが改めて論点として浮上してこよう。社会福祉の実践活動は、前出のケースワーク、グループワーク、コミュニティワークを含めソーシャルワークと呼ばれるが、その中核には「人間と環境が影響しあうその接点に介入する」という考え方が存在している。この個人と環境の関係の調整という構想は、ケースワークの母とも呼ばれるＭ・リッチモンド以来のものである。ソーシャルワークすなわち社会福祉における援助は、個人と環境のインタフェースの部分に介入して、生活上の困難や障害を緩和・軽減・解決する営みとして定式化することができる。

いま、この社会福祉の援助にいう「個人と環境」を「人間と社会」と言い換えて一般化を図ると、社会福祉の援助のなかで議論されていることは、そのまま社会学の基本的な争点である「人間が社会を形成するのか、あるいは社会が人間を形成するのか」という命題に重なりあっている。

社会福祉においては、歴史的に、生活上の困難や障害の緩和・軽減・解決を図るにあたって、「個人（人間）の側に働きかける」か、それとも「社会の側に働きかける」かという相互に対立する二つの見解が形成され、拮抗してきた。個人の改良を重視するか、それとも社会の改良を重視するかという考え方の対立といってもよいであろう。ちなみに、前出のリッチモンドは、両者を二項対立的に捉えることを回避し、前者を小売り的方法、後者を卸売的方法と呼び、ソーシャルワークにはその両方が必要であるとしている。

さて、ここまでシンポジウムの報告に触れながら、社会学と社会福祉学との関係、そして社会福祉学の特徴について紹介してきた。繰り返しになるが、社会学と社会福祉学は、アメリカの歴史を前提にしていえば、淵源を共有しつつも独自の発展を遂げてきたといってよい。その流れのなかで、社会学は規範的になることを極力避け、法則定立的な科学を志向してきた。逆に、社会福祉学はむしろ規範的、実践的な方向を志向してきたのである。

いま、改めて両者の現況を考えてみると、社会学には方法論主義的な厳密性を追求するあまり社会のリアリティから乖離《かいり》するところがあり、他方、社会福祉学は実践的であろうとするあまり規範意識が先行し、経験主義から離脱し得ていないところがある。

これからの社会学系コンソーシアムの活動が、歴史の教訓に学びつつ、社会学にとっては個別的世界のリアリティと切り結ぶ好機となり、社会福祉学には方法論的思考の厳密性を摂取する機会となればと期待している。

2　ソーシャル・エクスクルージョンと社会福祉学

このたび、岡山県立大学において「ソーシャル・エクスクルージョンと社会福祉学」を大会テーマに日本社会福祉学会第五十六回全国大会が開催される機会に、会長としてのご挨拶と、大会テーマについての若干の所感を述べさせていただきたいと存じます。

まず最初に、今次岡山大会が開催されるにあたり、岡山県立大学の関係者の皆様が多大の労力を払って準備をお進めいただいたことに、衷心より御礼を申し上げたいと思います。今次大会におきましては、大会要旨集のCD－ROM化をはじめ、いくつかの新機軸が導入されておりますが、その実現の過程には人知れぬご苦労もあったのではないかと推察しております。ここに改めて感謝の意を表させていただきたいと思います。

さて、今次大会のテーマは、「ソーシャル・エクスクルージョンと社会福祉学」です。周知のように、ソーシャル・エクスクルージョンという言葉は、一九九〇年代頃からフランスやイギリスなどを中心にヨーロッパの国々で盛んに用いられはじめ、やがてその影響がわが国にも及ぶことになります。思想や理論としてはもう少し早いようですが、ヨーロッパにおいて具体的な政策のレベルでこの言葉が最初に公式に用いられたのは、フランスの反排除法（一九九八年）であり、これを契機に一挙に議論が発展したということです。

わが国の場合、社会福祉の領域においてソーシャル・エクスクルージョンに対する関心が拡大する契機になったのは、二〇〇〇年の厚生省による『「社会的な擁護を要する人々に対する社会福祉のあり方に関する検討会」報告書』であったかと思います。同報告書は、「心身の障害・不安」と「貧困」を両端とする横軸と、「社会的排除や摩擦」と「社会的孤立や孤独」を縦軸とする座標を枠組みに、現代社会における社会福祉の課題（問題）をビビッドに捉えようとしています。

現代における社会福祉の課題は、伝統的な「貧困」に加え、「心身の障害・不安」にかかる「社会的ストレス問題、アルコール依存等」、「社会的排除や摩擦」にかかる「路上死、中国残留孤児、外国人の排除や摩擦等」、「社会的孤立や孤独」にかかる「孤独死、自殺、家庭内の虐待・暴力等」の重畳し、複合化した状況として捉えられる必要があるということです。同報告書のキーワードは「つながり」であり、「社会的排除」はその「つながり」の喪失をもたらす要因の一つという位置づけになっています。この報告書がわが国の社会福祉界に「社会的排除（ソーシャル・エクスクルージョン）」という言葉を一挙に浸透させる契機になったことは確かです。

ソーシャル・エクスクルージョン概念の解釈は広狭さまざまですが、広義には経済、政治、文化など社会生活のあらゆる側面で、通常の機会や制度から切り離された特定の範疇《はんちゅう》や集団にかかわる多様な問題状況を指しているようです。さらには、失業や貧困から障害や高齢の問題まで、社会問題の全体を理解する新たな枠組みとしての位置づけもあるように思います。

今やソーシャル・エクスクルージョンは大変便利な言葉になっている、そういう印象すらありますがいかがでしょうか。あまり解釈や適用を拡大し、ソーシャル・エクスクルージョンを便利に使ってしまうと、ソーシャル・エクスクルージョンという言葉の元々の意義が薄れてしまうのではないかという危惧を感じてしまいます。

そうした状況は、ソーシャル・エクスクルージョンのほかにもあります。エンパワメントがそうです。エンパワメントという言葉が注目されるようになった契機は、開発途上国に対する援助の過程において、たとえば、きれいな水を必要とする人々や地域に、最新の浄水装置を備えた水道設備を提供することよりも、自分たちの力で井戸を掘り水を確保する方法を身につけてもらうようにすることのほうが、援助の方法としてより有効であるという経験にあったように思います。援助は、援助する側の判断や思いから提供するというのでは適切ではない。援助を必要とする人々や地域社会のもつ知識や技能の力量を十分に理解し、それらを援助を必要とする人々や地域社会が自分たちの努力で一歩ずつ前進することができるようなかたちで提供される援助、そのような援助の仕方こそが有効で意味をもつことになる。エンパワメントという言葉の使い方は、当初においては、こうした文脈であったように思います。しかし、今ではエンパワメントは、多様な人々や状況に対して、元気にする、励ます、という一般的な意味で用いられることすらあるように思います。エンパワメントという言葉のもつ意義が、すっかり薄められてしまっているような印象になります。

ソーシャル・エクスクルージョンやその対概念としてのソーシャル・インクルージョンという言葉についても、そうした傾向が生まれてきているように思えます。これらの言葉には、その起点においては、西ヨーロッパ社会における、当初においては求められたかたちでの移民や外国籍労働者の流入とその労働市場への影響、そして彼らの生活や行動の様式に対する国民国家的な反発にかかわっていたように思います。この事実をはずしてしまうと、ソーシャル・エクスクルージョンやソーシャル・インクルージョンという言葉のもつ意義が薄れてしまわないか、そういう懸念があります。

今次の岡山大会においては、そのあたりのことも含めて、内外におけるソーシャル・エクスクルージョン概念の使い方や、ソーシャル・エクスクルージョンの実態について存分に取り組み、議論を闘わせていただきたいと願っております。

わが国においても、歴史を振り返ってみますと、近隣諸国から多数の労働者を招き入れ、同時に排除してきたという経緯があります。こうしたことを顧みますと、ソーシャル・エクスクルージョンという状況は、一方において積極的に受け入れながら他方において排除するという、甚だしい矛盾の文脈のなかにあるように思われます。人口減少社会に転じたわが国においても、今後、外国人労働者の流入、活用は不可避的です。それなしには、わが国の社会は将来的に持続できません。すでに、われわれ自身の領域において、インドネシアからの介護士の受け入れが現実のものとなってきています。その意味においても、今次岡山大会の統一テーマはまことに時宜を得たものといわなければならないと思います。

最後に、ソーシャル・エクスクルージョンに対応するにあたって社会福祉、社会福祉学のありようは現状でいいのか、という問題があります。わが国の社会福祉学には戦前以来、労働・雇用政策に限定された意味での社会政策との関係、あるいは社会制度と個人との社会関係の主体的な側面に着目し、そこに自ら存立の根拠を〝限定〟することで、社会福祉の独自性あるいは固有性を主張してきました。

しかし、ソーシャル・エクスクルージョンに対処し、ソーシャル・インクルージョンを促進するには、そのような限定された社会福祉では不十分です。社会福祉を機軸にしながらも、多様な隣接する社会サービスと調整、連携、協働して課題解決を進める必要があります。

最近では、社会福祉やそれに隣接する社会サービスを総括する意味で、福祉政策という概念を用いる例も出てきています。

福祉政策という言葉は大変便利です。従来の社会福祉の守備範囲は狭隘《きょうあい》に過ぎ、もっと広いパースペクティブが必要である、という言説を発信するうえで便利だということです。しかし、福祉政策という言葉に託されている意味内容は、必ずしも明確ではありません。社会福祉と社会保障を足し合わせたものを意味している場合が多いかと思われますが、ソーシャルポリシーという意味での社会政策と、同義的に使われていることもあります。いずれにしても、福祉政策の範域、どのような個別的施策がそこに含まれるのか、そこが明確ではありません。ソーシャル・インクルージョンを進めるうえで、社会福祉のパースペクティブを広げる必要がある、という指摘については異議はありません。むしろ、賛同するところです。しかし、ただ便利だという理由で福祉政策が使われることについては、同意しがたいものがある、ということです。

そうした状況のなかで社会福祉をどのように位置づけるか、そのことを今後われわれが学会を挙げて取り組むべき課題として提起しておきたいと思います。

3　社会的排除と社会福祉の課題

はじめに

二〇〇八年十月十一日（土）と十二日（日）の両日、岡山県立大学において「ソーシャル・エクスクルージョンと社会福祉学」を大会テーマに、日本社会福祉学会第五十六回全国大会が開催された。日本社会福祉学会もすでに五十年を超える歴史をもつようになっているが、百年に一度と呼ばれる経済不況とそれに伴う社会変動のなかで拡大し続ける格差と貧困を眼前にして開催された研究発表大会であるだけに、社会福祉のこれからについて考えさせられることが多かった。

（1）ソーシャル・エクスクルージョンの意味

周知のように、岡山大会のテーマを構成するキーワード「ソーシャル・エクスクルージョン（社会的排除）」という概念は、一九九〇年前後から、フランスを中心にイギリスなどのヨーロッパの国々で盛んに用いられるようになり、やがてその影響がわが国にも及び、今日では社会福祉さらには社会政策の領域において、広範に論議されるようになっている。

ヨーロッパにおいて政策のレベルでこの言葉が最初に公式に用いられたのは、フランスの一九九八年の反排除法（社会的排除に対処する法律）であるが、それを契機に一挙に議論が拡大したといわれている。わが国の場合、ソーシャル・エクスクルージョンに対する関心が拡大する契機の一つは、二〇〇〇年の厚生省による『「社会的な擁護を要する人々に対する社会福祉のあり方に関する検討会」報告書』の取りまとめであった。

この報告書は、「心身の障害・不安」と「貧困」を両端とする横軸と、「社会的排除や摩擦」と「社会的孤立や孤独」を縦軸とする座標を枠組みに、現代社会における社会福祉の課題（問題）をビビッドに捉えようと試みている。現代における社会福祉の課題は、伝統的な「貧困」に加え、「心身の障害・不安」にかかる「社会的ストレス問題、アルコール依存等」、「社会的排除や摩擦」にかかる「路上死、中国残留孤児、外国人の排除や摩擦等」、「社会的孤立や孤独」にかかる「孤独死、自殺、家庭内の虐待・暴力等」の重複・複合化したものとして捉えられる必要があるという指摘である。報告書のキーワードは「つながり」であり、「社会的排除」は、その「つながり」の喪失をもたらす要因の一つという位置づけになっている。その限りでは「社会的排除」が主要な論点になっているというわけではない。しかし、この報告書が、わが国の社会福祉に「社会的排除」いう言葉、そしてその対概念としての「社会的包摂（ソーシャル・インクルージョン）」という言葉を一挙に浸透させる契機になったことは確かである。

社会的排除概念の解釈は広狭さまざまであり、一定していない。単に多義的であるというだけではない。内容的にかなり錯綜しているといってよい。社会的排除概念は、ある種の「状態」にかかわる概念であり、またそのような「状態」について「説明」するための概念である。さらには、そのような「状態」がどのようにして生み出されるかを明らかにする「過程」概念という側面をもっている。

内容的には、「社会的排除」は、移民排斥、差別、逸脱、失業、貧困、人間的なつながりや社会的な結合からの排除、社会制度からの排除、市民権（市民としての資格）の剝奪など、経済、政治、社会、文化など社会生活のあらゆる側面で、通常の機会やチャンネルから切り離された人々、特定の範疇《はんちゅう》や集団、階層にかかわる多様な問題状況を意味する概念となっている。すなわち、今日では社会的排除の概念は、移民排斥や差別、貧困から障害、介護、虐待まで、多様な形態をとる社会問題を理解する新たな枠組みとして扱われる、という状況がみられる。そこには、社会的排除が、状態概念であるとともに説明概念であり、また過程概念でもあるということが与《あずか》っている。たとえば、貧困という概念は状態概念ではあるが、説明概念や過程概念とはいい難い。今や社会的排除は、大変便利な言葉になっているという印象がないわけではない。あまり解釈や適用を拡大し、社会的排除を便利に使ってしまうと、社会的排除という言葉のもつ元々の意義が薄れてしまうのではないかという危惧を禁じ得ないということである。

(2) 概念希釈化の懸念

こうした事態は、社会的排除のほかにもみられる。エンパワメントがそうである。エンパワメントという言葉が注目されるようになったのは、開発途上国に対する援助の過程において、たとえば、きれいな水を必要とする人々や地域に、最新の浄水装置を備えた水道設備を提供することよりも、自分たちの力で井戸を掘り、水を確保する方法の修得を求めることのほうが、援助の方法としてより有効であるという状況にかかわっていたように思われる。援助は、援助する側の判断や思いから提供するというのでは適切ではない。援助を必要とする人々や地域のもつ知識や技能の力量を十分に理解し、援助を必要とする人々や地域自体の努力で、知識や技能を一歩ずつ前進させることができるようなかたちで提供される援助、そのような援助こそが有効で意味をもつということである。

エンパワメントという言葉の使い方は、当初においては、このような文脈を前提にしていたはずである。スラム地域に居住する人々に対する援助をエンパワメントという言葉を用いて分析、記述する場合にも、そのような文脈が前提にあったように思われる。しかし、今ではエンパワメントは、多様な人々や状況に対して、元気にする、励ます、という意味に近い意味で用いられることも少なくないように思われる。そこにおいては、エンパワメントという言葉のもつ意義がすっかり薄められてしまっている、という印象がある。

社会的排除やその対概念としての社会的包摂という言葉についても、そうした傾向が生まれてきているように思える。これらの言葉は、その起点においては、一九六〇年代末から七〇年代、八〇年代にかけての西ヨーロッパ社会における、当初は低賃金労働力として求められた外国人労働者の流入とその労働市場への影響、そして彼らの生活や行動の様式に対する国民国家的な反発にかかわっていた。

もちろん、失業と貧困、一定地域への居住、文化的な葛藤、生活習慣の違いからくる緊張などの外国人労働者の諸問題は、彼らだけの問題ではなかった。その背景には、一九六〇年代の半ばに始まる経済不況の蔓延《まんえん》、それに伴う失業、貧困といった問題状況の拡大がみられた。そうした問題状況の影響を最も早い時期から、そして最も厳しいかたちで受けたのが、外国人労働者たちであった。しかし、その一方において、外国人労働者と同様に失業や貧困の影響を受け、生活水準の低下や不安に苛《さいな》まれる状況にあった低所得階層の若者たちは、その不満を外国人労働者に向け、社会的な対立と不安が拡大し、一部には暴動が発生した。しかも、一般階層の上層に属する保守勢力の一部は、これらの対立をエスニックな問題に関連づけ、外国人労働者を圧迫し排除する言説を弄《ろう》し、一般市民のナショナリズムに訴えるという事態が生み出されていったのである。

こうした背景からすれば、社会的排除は外国人労働者の状態にのみかかわる概念ではない。もっと広範に、失業、貧困、無知、疾病、障害、要介護、虐待、密住などを内容とする社会問題を捉える、新たな、そしてより有効な概念として位置づけようとする意図は、十分に理解可能な試みというべきであろう。しかし、われわれは、社会的排除が外国人労働者の生活に最も典型的に、また深刻なかたちで形成されてきたという事実に、十分に留意しておかなければならない。

わが国においても、歴史を振り返ってみると、近隣諸国から多数の労働者の流入を促進しつつ同時に排除してきたという、苦い経験をもっている。そして、人口減少社会に転じた今日、外国人労働者の流入、受け入れと活用は不可避的である。それがなければ、わが国の社会は、将来に向けて存続することは不可能である。われわれ自身の領域においても、インドネシアからの介護福祉士受験予定者の受け入れが現実のものとなってきている。外国人労働者の流入と受容を抜きにして、わが国の社会を持続可能な社会として維持し続けることは不可能である。

社会的排除という言葉は、一方において積極的に受け入れながら他方において積極的に排除するという、甚だしい矛盾の文脈のなかで形成されてきたように思われる。

（3）社会的排除と包摂の両義性

さて、このような社会的排除は、二通りの、そして相反する視点から解釈されるという特性をもっている。端的にいえば、社会的排除はどちらかといえば保守的なコンサバティブな視点から捉えられる側面と、逆に社会改革的な視点から捉えられる側面を有している。

たとえば、一九九七年のイギリスの社会的排除防止局による全国調査は、社会的排除の状態に陥りやすいグループとして、失業中の家庭、貧困家庭、エスニック・マイノリティ、家族を介護している者、若すぎる親、施設出身者、学習障害者、心身の障害をもつ若者、精神疾患、ドラッグ・アルコール常用、犯罪歴のある者、失業地域を挙げている。このような類型は事実を反映するものであり、その限りでは何の問題もない。

しかし、このような類型を前提に対応策を講じる、すなわち社会的包摂の施策を立案するとなると、施策の関心は被排除者の個人的な行動特性や、能力、健康状態、家族的背景、エスニシティなどの個人的な属性に向かいやすい。個人のもつ行動特性や属性を除去し、あるいは改善することによって、社会的排除状態の改善を図ろうとする施策がとられることになりやすい。社会的なつながりからの排除、制度からの排除、市民権（シティズンシップ、市民資格）からの排除といった状態についても、排除に至る個人的な要因が重要視されることになる。逸脱行動のある外国人労働者に国外退去を求める施策なども、そうした傾向の一つの現れである。

もとより、個人の行動特性や属性に関心を向けることも重要である。たとえば、ニートの若者に職業訓練を受ける機会を提供することは重要であるし、職業訓練を受ける者に補助金を交付することも意義あることである。また、貧困地域の幼児に特別の教育を受ける機会を提供することも重要である。社会的な不利をもつ人々にそれを克服する機会を積極的に提供し、そのうえで競争の公平性を確保するという施策も意味をもっている。

しかしながら、そのような施策には限界がある。個人にアプローチするだけでは社会的排除は解決され得ない。貧困地域の幼児に特別の教育を提供するプログラムは必要であり、子どもたちはそれによって利益を受けることができる。それによって子どもたちは、一般階層の子どもたちと同一のスタートラインに立てる可能性を得ることができるかもしれないからである。けれども、そのことによって貧困地域が解消されるというわけではない。

制度からの排除や市民権の剥奪ということになれば、なおのことである。排除されたり剥奪された人々に働きかけても、事態の改善には結びつかない。制度それ自体のもつ問題が除去されない限り、排除は除去できないからである。たとえば、住民登録のないホームレス状態にある人々が生活保護制度から排除されるという事態は、ホームレス本人に働きかけるだけでは解決にならない。生活保護制度の改正が必要である。社会変革を伴うアプローチが求められる。

このように、社会的排除の原因と過程をどのような視点から捉えるかによって、すなわち個人責任主義的な視点をとるか、社会責任主義的な視点をとるかによって、社会的包摂のための施策のありようは異ならざるを得ないのである。

（4） 社会福祉の拡大と限定

次に、社会的排除、社会的包摂と社会福祉の関係について取り上げる。この視点からいえば、社会的排除は社会福祉の対象、客体となる問題状況であり、社会福祉は社会的包摂のための施策の一つという関係にある。

周知のように、わが国の社会福祉研究においては、社会福祉を広義と狭義に分類することが行われてきた。広義の社会福祉とは、社会福祉を狭義の社会福祉、保健、医療、教育、雇用・労働政策、公衆衛生、住宅政策、更生保護などの社会サービスを総称する概念として理解する立場である。それに対して狭義の社会福祉は、社会福祉をそれ以外の社会サービスと区別されたものとして理解しようとする立場である。

第二次世界大戦後の社会福祉研究を代表してきた社会福祉学の研究者たちは、孝橋正一であれ、岡村重夫であれ、使用する言葉は違っても、社会福祉を狭義の社会福祉として「限定」することを通じて、その独自性あるいは固有性を主張してきた。孝橋正一は対象の違いという観点から、社会問題のうち、労働問題に対応する社会政策（雇用・労働政策）と、社会的問題に対応する社会事業（社会福祉）を区別することを起点に、社会政策に対する代替性や補充性をもって社会事業の特性であると考えた。岡村は、多様な社会サービスと横並びの関係において社会福祉を考えるという方法を退け、多様な社会サービスを含む社会制度一般と個人のあいだに取り結ばれる社会関係の主体的な側面に着目する、というユニークな観点から狭義の社会福祉の固有性を主張してきた。

孝橋、岡村に限らず、その後継者である一番ヶ瀬康子、真田是、高島進、三浦文夫、さらには宮田和明、松井二郎などの研究者たちも、社会福祉を狭義に捉え、その特性を明らかにしようと試みてきた。その点においては共通していた。しかし、そのようなわが国においても、一九八〇年代以降、顕著なかたちで出現してきた社会的排除に対応し、社会的包摂を実現するには、それまでの限定された社会福祉では不十分であるという認識が拡大していった。

わが国の社会福祉は、二通りの仕方で新しい状況に対応しようとしてきた。第一の方向は、社会福祉それ自体の守備範囲を拡大することであった。介護保険制度の導入やそれと関連しつつ追加された契約制度、第三者評価、財務諸表の開示、福祉サービス利用援助事業、苦情対応制度などの新しいプログラム（社会福祉事業）、児童虐待防止法、高齢者虐待防止法、ホームレス特別措置法、ＤＶ法などの新規立法がそうである。これらの新しいプログラムや立法措置によって、社会福祉の守備範囲はかなり拡大された。しかしながら、それだけでは社会的排除に対応するには不十分であった。

第二の方向として、社会福祉は多様な隣接する社会サービスと、調整、連携、協働しながら課題解決を進めようとしてきた。すなわち社会福祉は、人権擁護（権利擁護）、消費者保護政策、教育、健康政策、雇用・労働政策、所得保障、保健サービス、医療サービス、司法福祉（家事・青少年サービス）、更生保護、住宅政策、まちづくり政策などの社会サービスと接点をもち、それらと調整、連携、協働することを重視してきた。

こうした社会福祉の動向は、改めて広義の社会福祉という概念に光を当てることになった。あるいは、広義の社会福祉のかわりに福祉や福祉政策という概念を導入し、新たな状況に対応しようとする試みがなされてきた。そのことは、二〇〇九年四月から導入されようとしている新しい社会福祉士養成教育課程における、教科目「現代社会と福祉」の新設をみれば明らかである。この教科目のシラバスには、社会福祉や社会事業という概念は含まれていない。そこに存在するのは、福祉、福祉政策という概念のみである。

このような社会福祉の対応、なかでも第二の方向は、社会福祉の広義の社会福祉概念への回帰、あるいは福祉政策概念への転換を求めるかのようにみえる。しかし、この方向に進むことは社会福祉を雲散霧消化させることになりかねない。

筆者は、わが国の社会福祉研究がそのような危機に陥ることを回避するため、社会福祉のL字型構造、さらには福祉政策のブロッコリー型構造と称する、社会福祉理解の新しい枠組みを提起してきた。ここで詳細に論じることはできないが、これら二つの概念枠組みは、社会福祉士養成教育課程の教科目「現代社会と福祉」にいう福祉政策を範域を示す概念というよりもむしろ運用の形態を示す概念として捉え、従来の狭義の社会福祉と、広義の社会福祉とほぼ同一の範囲をカバーする概念として新たに捉え直された意味での社会政策との中間、やや社会福祉寄りに位置づけることによって従来の社会福祉概念との整合性を確保しようとする試みである。

まず、社会福祉のL字型構造は、社会福祉が現代社会の社会政策を構成する多様な社会サービスの一つであり、同時に他の社会政策に対してそれらを先導したり、相互に補完するという側面をもつ、独自の施策（政策・制度・援助）であることを示す枠組みである。次に、福祉政策のブロッコリー型構造は、福祉政策を従来の社会福祉を基幹的な部分としつつ、人権擁護、消費者保護、健康政策、教育制度、雇用・労働政策、所得保障、保健サービス、医療サービス、少年・家事審判制度、更生保護、住宅政策、まちづくりなどの社会サービスと部分的に重なりあいながら、あるいはまたそれらの社会サービスとの媒介、連絡調整、協働を通じて展開される施策、という位相で捉えようとするものである。もとより、その場合も、人権擁護以下の社会サービスを社会福祉のなかに取り込もうというわけではない。それらはいずれも、それ自体として独立した施策であり続ける。こうして、社会福祉中心のブロッコリー型の運用構造を基軸とする福祉政策の概念は、社会福祉がそれらの一般社会サービスと交錯しつつ、それらを適宜活用して福祉ニーズの解決・軽減・緩和にあたるという新たな展開のありように積極的に光を当てることを意図した概念として、措定《そてい》されることになる。

（5）社会福祉と雇用福祉

さて、最後に、社会福祉が社会的排除に対する対応策として位置づけられることによって生み出されてきた厳しい問題点について、言及しておきたい。

社会的排除対策として動員される施策は、所得保障、雇用・労働政策、教育政策、住宅政策など多様であるが、その中心は雇用・労働政策である。そのことは、社会的排除が経済不況に伴う若年層における雇用の停滞、賃金格差などの雇用や労働にかかわる諸問題を契機に、ホームレス化、貧困地域へ落層、エスニックな偏見、社会的不満や不安の拡大などとして複合的に形成されてきたことからすれば、妥当なこととして理解される。

わが国において、社会的排除対策として雇用・労働政策が位置づけられるようになるのは一九九〇年代以降であるといってよいが、決定的な契機となったのは、二〇〇七年十二月に厚生労働省によって策定された「『福祉から雇用へ』推進5か年計画～誰でもどこでも自立に向けた支援が受けられる体制整備～」である。そして、この「5か年計画」策定の背後には、同年二月の経済財政諮問会議（座長・安倍元首相）の「成長力底上げ戦略（基本構想）」がある。それは、「成長戦略の一環として、経済成長を下支えする基盤（人材能力、就労機会、中小企業）の向上を図ることにより、働く人全体の所得・生活水準を引き上げつつ、格差の固定化を防止」することを目的に策定されたものであった。

こうした一連の政策の導入は、「福祉から雇用による自立へ」の移行を意味するものであり、これによってわが国の社会福祉はいわば「社会的弱者の保護を課題とするソーシャルウエルフェアー」から、「雇用による自立生活の確保を追求するワークフェアー（雇用福祉）」に転換することになったといって過言ではない。「福祉から雇用による自立へ」の転換は、すでに生活保護、母子福祉、障害者福祉など、社会福祉の多様な領域において導入されている。高齢者福祉の領域も例外ではありえない。ある意味では高齢者の雇用を推進する施策は、「福祉から雇用による自立へ」の転換に先行していたといっても過言ではない。

先にも言及したように、社会的排除の起点を雇用・労働にかかわる諸問題として捉えるという視点からみれば、また現代社会における生活が雇用によって維持されていることからすれば、社会的包摂を目指す方策が失業対策を中心としたものになることは、十分に理解できることである。しかし、論点は、社会福祉における「福祉から雇用による自立へ」の転換がどこまで可能であり、有効かということである。

実際、労働市場の求める労働力という観点からみたとき、社会福祉の対象となっている人々のもつ労働能力の状態は、決して十分なものとはいえない。労働能力を獲得する子どもたちを除けば、障害者、高齢者のもつ労働能力の低位性は否定し難いであろう。子どもを抱えた母親が就労と育児を両立させることは、それほど簡単なことではないであろう。社会的排除の結果として社会福祉の対象となっている人々の場合、職業紹介、訓練による労働能力の獲得などによって、就労により自立生活を実現させることができる可能性はそれほど高いとはいえない。就労の奨励や、そのために紹介や訓練機会の提供は、社会福祉の利用者にとって必ずしもインセンティブになるわけではない。状況によっては、むしろ社会福祉による援助の利用を思いとどまらせる求援抑制効果をもつことがある。ここでいう求援は救援の誤植ではない。援助を求める意欲を「抑制する」という意味である。

社会福祉の前史となる救貧法の歴史を繙《ひもと》いてみれば明らかなように、就労（雇用）の強制が求援抑制を目的に行われた時代は大昔というわけではない。産業革命が終了し、自由（放任）主義が社会を支配した時代に導入された労役場の制度は、貧困な有能失業者（労働能力があると見なされた貧民）に、労役場への入所と就労を義務づけることによって彼らの求援意欲を抑制し、低賃金による長時間の苦汗労働を強いる工場制度のもとに近代的な賃金労働者として組み込む方策として機能した。

あるいは、十九世紀末から二十世紀初頭のヨーロッパや北アメリカにおいては、社会ダーウィン主義に由来する優生思想の影響のもとに、遺伝性の疾患、精神障害、知的障害のある人々が生殖能力を奪われたり、収容施設への入所を強要され、一般社会から隔離された。また、その一方においては、有能な労働力と兵力を確保するため、学校給食制度や学校保健制度が創設され、児童保護政策の有力な領域を構成することになった。

こうした就労の強制や人々の心身の能力にかかわる社会福祉のありようは、歴史のなかに忘れ去られてはならない負の遺産である。労役場や就労による求援抑制や、心身の能力による差別的な選別が、そのままのかたちで再現されることはあり得ないであろう。しかし、九〇年代以降の世界社会を席巻してきた新自由主義が、十九世紀半ばの自由（放任）主義へ回帰しようとする側面をもつことには、十分留意しておかなければならない。

社会的排除は、排除する側の人々や制度があってはじめて実体化される。排除されるのは特別の人々ではない。現代社会のなかで生きづらさをもつバルネラブルな人々が日常の生活のなかで徐々に社会の周縁部分に移動させられ、排除される人々の群に追い込まれる。そして、最後には自分自身を社会から排除してしまう。そのような人々にどう対処するか、これからの社会福祉にとって最も重い課題である。

4　社会福祉を支える新たなシステムの構築

二〇〇八年秋のアメリカのサブプライムローンの破綻に端を発した世界金融恐慌は、短期間のうちに諸国の実体経済に波及した。わが国の経済も一瞬にして世界的不況の波に飲み込まれ、いまだに出口を見いだし得ないという状況にある。九〇年代以来の規制緩和、市場原理主義化、グローバリゼーションのなかで進行しつつあった、わが国の非正規雇用問題に象徴されるような雇用不安定化の傾向は一挙に加速され、格差と不平等、そして貧困が、社会を席巻している。若年層に限らず、非正規雇用に頼ってきた夥《おびただ》しい数の人々が、仕事と住宅を同時に喪失し、路頭に迷う状態に追い込まれている。

二〇〇八年末このかた、麻生内閣は「安心社会」の実現を掲げ、各種の対策を講じてきた。しかし、五月段階における有効求人倍率は〇・四四というレベルに低迷し、失業率は五・二パーセントに上昇している。失業率は、実質では九パーセントに達しているともいわれている。政府の努力にもかかわらず、後手に回る対策は弥縫的で体系性に欠け、わが国社会の格差、不平等、貧困は一向に改善される見込みがない。

そうしたなかで日本社会福祉学会の今次第五十七回大会は、「社会福祉における『公共』性を問う」を統一テーマに、法政大学を会場に開催される。まずは、逼迫《ひっぱく》した社会状況のなかで、大会開催のために尽力された杉村宏大会委員長をはじめとする法政大学の会員諸氏に感謝の意を表するとともに、今次大会が大きな成果をもたらすことを祈念したいと思う。

さて、わが国において旧生活保護法、児童福祉法、身体障害者福祉法からなる福祉三法体制が成立したのは昭和二十四年、一九四九年のことであった。六十年前のことである。この時期から八〇年代に至る戦後社会福祉体制のもとにおいて、わが国では公私分離と国家責任を内容とする公的責任の原則をいかに実現するかが問われてきた。社会福祉に対する国（政府）や行政の責任を明確化し、その範囲を拡大すること、そのことがそのまま社会福祉の充実、発展を意味するものと理解され、その実現が求められてきた。この努力は、七〇年代初等の福祉国家体制の成立によってピークに達する。

周知のように、それ以後になると、社会福祉における国や行政の責任や役割を強調する議論は徐々に後退し、それにかわって自助、共助（互助）、さらには民営（市場）セクターの役割を重視する論調が影響力を増すことになる。戦後、冷戦構造が終焉した九〇年代になると、社会福祉における国、行政の責任や役割は、戦後改革の時代とは逆に、むしろ縮小されるべきものに転化し、規制緩和、市場原理主義、グローバリゼーションが社会福祉のありようを方向づけ、規制する第一原理となる。

わが国において、そして社会福祉の世界において、新しい公共、あるいは「新たなる公共」という言葉が影響力をもちはじめるのは、この時期あたりからであったように記憶する。この新しい公共という言葉には、二つの期待が託されていたように思う。その一つは、新しい公共が、国や行政に変わるべきものになりうるのではないかという期待である。戦後改革以来、人々は国や行政に多大の期待をかけてきた。しかし、国や行政はその期待に応えなかったばかりか、時に人々の安心や安全を損ない、自由や平等を制約してきた。新しい公共は、そのような国や行政にかわるものとして期待された。いま一つの期待は、新しい公共が規制緩和、市場原理主義に対抗する行動原理になりうるのではないという期待である。国や行政でもなければ市場原理主義でもない、第三の道を開拓する行動原理になりうるのではないか、という期待である。

新しい公共という言葉は、社会福祉のこれからを構想するとき、一定の妥当性と有効性をもっている。かつてのように、社会福祉の将来を国や行政の介入に期待することはできない。さりとて、営利の追求を行動原理とする民営セクターに、全幅の信頼を与えるわけにはいかない。そう考えるとき、国や行政はもとより民営セクターもそのうちに含め、民営セクターやボランタリーセクターなどの多様な主体が参画し、私的な利害、個別的な利害を超えたところで議論を闘わせ、一定の解決策（＝公共の利益）を模索する場の形成、新たな合意形成の手続き、方策の創出、そしてその適切な運営管理が求められることになる。新しい公共という構想は、そのような期待に対応しうる可能性をもつものとして登場してきたといってよい。

このような新しい公共は、市町村や地域社会という概念と親和性をもっている。また、「ガバナンス」という概念とも親和性をもっている。新しい公共は、市町村や地域社会に限らず、都道府県、国、国際社会など、いずれのレベルにおいても成立しうる。しかし、多様な主体の参加による、合意の形成や課題解決方策の創出、運営管理ということを考えると、その過程や成果がビジブルになりやすい市町村や地域社会こそ新しい公共にふさわしいように思われる。

かつてガバナンスという言葉は、国や行政による人々の統治という意味で用いられてきた。今日では、それは国や行政を含め、多様な主体が自らの共有する課題について主体的に討議し、課題解決の方策を求め、運営管理しようとする姿勢、能力、過程、総じていえば態勢を意味して用いられている。そのような文脈でいえば、新しい公共とガバナンス、なかでも市町村や地域社会を単位とするローカルガバナンスは表裏の関係にあるといえそうである。

近年、新しい公共には、社会福祉を支えるシステムとしての期待が高まるばかりである。しかし、「公共」ないし「公共性」はオールマイティではないし、常に社会福祉と親和的な関係にあるわけではない。公共にもマジョリティとマイノリティがある。同じように公共という言葉を用いながらも、一部の特徴的な属性をもつ人々（＝少数者）によって主張される公共の利益は、しばしばマジョリティを構成する人々の求める公共の利益と衝突し、時に撤回を求められ、排除される。こうしたマイノリティの主張する公共性は、「対抗的公共性」と呼ばれることがある。場という文脈でいえば「対抗的公共圏」である。

新しい公共をこれからの社会福祉を支える重要なシステムとして位置づけようとする言説は多数の賛同者を得ている。しかし、新しい公共やローカルガバナンスにおけるマジョリティとマイノリティという文脈でいえば、社会福祉を支える新しい公共やローカルガバナンスは、わが国の社会においてマジョリティを構成する新しい公共やローカルガバナンスにかかわる言説のなかでは、マイノリティとして扱われることが多い。その一方で、社会福祉のなかでは、ホームレス、DV被害者、母子家族、外国籍労働者などの少数者集団によって構成される公共圏とそこでのガバナンスは、マイノリティとして扱われている。

今次大会の統一テーマは、社会福祉における新しい公共やローカルガバナンスのもつ効用を強調しつつ、同時にその意義やありようについての複眼的、多面的な考察を求めているように思われる。

5 「持続可能な社会福祉の展望と課題」に寄せる

二〇一〇年十月九日と十日の両日、日本社会福祉学会の第五十八回秋季大会が、ここ日本福祉大学の名古屋ならびに美浜の両キャンパスにおいて開催される運びとなりました。一般社団法人化に伴い、日本社会福祉学会は今年度から大会を二季に分け、それぞれ春と夏に開催することになりました。日本福祉大学における秋季大会は、その第一回目ということになります。日本福祉大学はこれまでもさまざまな学会を開催してこられました。もとより、今次大会の準備過程においても万全の体制を整えていただきました。それでも、会計処理を含め、初めての経験もおありになったのではないかと拝察いたします。まず、何よりも日本福祉大学およびご関係の皆様に、衷心より御礼を申し上げたいと思います。

さて、今期の秋季大会は「持続可能な社会福祉の展望と課題～経済・環境・福祉の視点から」を共通テーマとして開催されます。今思い起こしますと、二十一世紀のゼロ年代は新自由主義の時代として始まりました。経済のグローバル化、規制緩和、競争による発展などをキーワードにする小泉政権が足掛け六年にわたって続き、その間日本の社会には、大きな、地滑り的ともいえるような地殻の変動が起こりました。今日における、そして、これからの社会福祉のありようは、この未曾有の地殻変動との関係を抜きにして語ることはできません。私たちは、まずそのことを確認しておく必要があります。

私事になって恐縮ですが、私が鉄道弘済会の求めに応じて『社会福祉研究』に「格差・不平等社会の社会福祉~多様な生活困難への対応」を執筆したのは二〇〇六年のことでした。五年前のことになります。ちょうど「格差と貧困の拡大」ということが、声高に論じはじめられた時期のことでした。私はこの小論において、格差が階層と階層、都市と農村、中央と地方など多様な側面に広がっていることに言及し、最終的にはその影響は個々人の生活のなかに重畳して現象することになる、という趣旨の議論を試みました。そして、その例示として、ニート、ワーキングプア、ネットカフェ難民、ホームレス状態、虐待、家庭内暴力、心の病《やまい》などを挙げるとともに、それらの諸問題を解明するには従来の生活問題論では不十分であるとし、社会的バルネラビリティという概念を提起しました。

しかしながら、格差と貧困にかかわる諸問題のその後の展開に則していえば、この伝統的な生活問題論の枠組みでは不十分ではないか、という私の指摘は表層にとどまるものでした。私の論旨は、賃金稼得者を中心に、妻、子ども、高齢者、障害者などの非就業者を含む勤労者家族の生活の維持と再生産を機軸とする生活問題論の枠組みによって、新たに出現している諸問題を十分に解明し、理解することは困難ではないか。より一般的に「社会的バルネラビリティ」というレベルに割り戻し、個々の問題の形成過程やそれへの対応については、個別に論じる必要があるのではないか、というものでした。ただ、結果として、この指摘は適切なものではありませんでした。一九九〇年代の後半以降、日本社会の根底において確実に進行しつつあった地殻変動のことに思い至っていなかったからです。

今日の時点において考えてみますと、私は一九六〇年代の高度経済成長期に形成された伝統的な生活問題論のもつ難点を、企業や公務による終雇用と年功序列型の賃金体系を特徴とする正規雇用、そしてそれを前提とする賃金稼得者による妻、子ども、高齢者、障害者等の非就業者の扶養というメカニズムを機軸に基本的な枠組みが構成されていること、そのことに求める必要があったと思います。伝統的な生活問題論の下敷にある生活構造モデルは、①終身型正規雇用、②年功序列型賃金、③賃金稼得による家計維持、④賃金稼得者による非就業者（妻、子ども、高齢者、障害者等）の扶養、⑤持家を中心とする住居保有、⑥親族・地域社会による相互扶助、という要素から構成されていました。それが九〇年代後半以降すっかり様変わりしています。つまり今では、①正規雇用と非正規雇用の混在、②職種対応型の賃金体系、③家族扶養の縮小、④単身生活者の増加、⑤雇用と住居の同時喪失、⑥親族・地域社会におけるつながりの希薄化が顕著にみられ、それが多様な生活困難の前提あるいは背景要因になっています。こうした変化の中心にある終身雇用や年功序列型賃金体系の崩壊、非正規雇用の増加という変化は、まさにゼロ年代初頭以来の、グローバリゼーションの促進、脱規制化、自己責任の追求という、総じていえば新自由主義的な政策動向を濃密に反映しています。また、同様に、家族扶養の縮小、単身生活の増加、雇用と住居の同時喪失、親族や地域社会における人と人とのきずな、つながりの希薄化、断絶という変化にも、新自由主義政策の色濃い影響をみてとることが可能です。

今日、社会福祉のこれからのありようが問われるのは、このような九〇年代後半以降に目立ちはじめた生活基盤の地殻変動的な変化に起因する多様かつ複雑で高度な生活問題に対して、戦後福祉改革の時期から一九六〇年代の高度経済成長の時期にかけて形成されてきた日本の社会福祉、さらにいえば、社会保障その他の社会サービスを含めた生活支援施策が適切に対応し得ていない、そういう危機的な状態に陥っているからです。既成の生活支援施策の枠組みを前提に、ただ支援や援助の量を増やす、質を改善するという弥縫的な対応策をもってしては、もはや十分な効果は期待し得ないという状況にあります。

たしかに、九〇年代の後半以降、生活支援施策をめぐって改革が進められてきました。社会福祉の領域でいえば基礎構造改革です。基礎構造改革のねらいは、戦後改革以来の伝統的な社会福祉の骨格を、高度成長期以後における社会経済の変動、そしてそれに伴う生活問題の変容に適合するように改革する、ということにありました。この改革は、社会福祉政策を普遍化し、従来の措置方式を契約方式に改め、社会福祉における利用者民主主義を実現するという理念のもとに推進されました。基礎構造改革は利用者や関係者にとって大変魅力的な改革として出発しました。しかし、それも、最初は介護サービスに、後には障害者自立支援サービスに、一律に一割の自己負担が求められる、あるいは母子福祉に就労支援に傾斜したプログラムが導入されるという状況が生まれるなかで、新自由主義的な性格が前面に押し出されるというかたちに転落してしまったように思われます。

これからの社会福祉は、このような二十世紀の最後の十年から二十一世紀のゼロ年代にかけて、日本の社会を揺るがしてきたドラスティックな社会的、経済的、政治的、文化的な諸条件の変容に対応することが求められます。しかも、その対応は社会福祉の伝統約な枠組みをもってしては不十分です。新たな枠組みが必要とされています。

そのような判断に直接的にかかわることですが、今次大会の共通テーマに含まれる「持続可能な社会福祉」という語句には、どこか消極的な雰囲気を読み取る向きがあるかもしれません。「持続可能」という表現は、「持続可能社会（サステイナブル・ソサエティ）」という語句を連想させます。持続可能社会という概念は、化石燃料その他の自然資源の有限性が明らかになるなかで、いかにすれば人間社会を維持し、存続させることができるかという発想に由来しています。この経緯をそのまま「持続可能な社会福祉」の解釈に適用しますと、今の社会福祉を維持するにはどこかで無駄や無理を除かなければならない、我慢しなければならない、そうしなければ社会福祉はいずれ駄目になる、そういうインプリケーションをもつことになりかねません。

しかし、もとより、「持続可能な社会福祉」を掲げる今次大会の共通テーマのねらいは、そこにあるわけではありません。むしろ、今日の新しい状況のなかで、これまでの蓄積、成果を損なわず、しかも新しい課題状況に適切に対処することができるように、社会福祉をはじめとする生活支援施策の枠組みをいかに再構築し、維持発展させ、持続可能なものにすることができるか、そのことについて考察し、新しいありようを模索し、提起すること、共通テーマのねらいは実にそこに置かれています。

この困難な課題に対応するには、いくつかの切り口が必要となります。第一には、社会福祉を広く社会政策（ソーシャル・ポリシー）を構成する施策の一つとして位置づけるという切り口です。人々の社会生活を支援することを目的に展開される公共政策を社会政策として捉えれば、そこには雇用政策をはじめとして、所得保障、健康、保健、医療、教育、更生保護などの諸施策（社会サービス）が含まれることになります。人権擁護、まちづくり、さらには消費者保護施策などもそこに含めることができるように思います。近年における多様かつ複雑で高度な生活問題に対処するためには、これらの社会政策を構成する施策のうちどれか一つの施策に頼るということでは、十分な成果を期待することができません。

社会福祉を含めて個別施策の内容を、生活問題の近年の変化に対処しうるように再構築するとともに、多様な施策間のコラボレーション（協働）が不可欠となります。このような施策の再構築とコラボレーションが要請されるという状況のなかで、社会福祉は自己をどのようなものとして位置づけ、再構築するのか。私は、そのことを意識して「社会福祉のL字型構造」という概念図を提起してきました。社会福祉を社会政策の一つとして位置づけつつ、他の個別施策との位置関係を明らかにすることをねらいにしました。しかし、そこには社会福祉の特性をフラットに示すレベルにとどまっているきらいがあります。

ここで、近年生活支援施策の再構築を論じる過程において提起されてきたセーフティネット論を、援用することにしたいと思います。私は、生活支援施策の全体を、第一次セーフティネット、第二次セーフティネット、第三次セーフティネット（トランポリンシステム）、第四次セーフティネット（最低生活保障システム）、という四つのレベルに区分して論じることにしています。第一次セーフティネットの中心は雇用政策です。福祉サービスの一部（保育サービス）もここに位置づけることができるでしょう。第二次セーフティネットを構成するのは各種の社会保険、社会手当、そして福祉サービスです。第三次セーフティネット（トランポリンシステム）は、近年特に注目されている新しいカテゴリーです。就労支援、社会手当、住宅支援、福祉サービスをここに位置づけます。第四次セーフティネット（最低生活保障システム）を構成するのは、公的扶助、福祉サービスです。それに住宅扶助を再編拡充した住宅保障を、ここに含めることにします。このようにセーフティネットの階層を設定し、それぞれのレベルにおける福祉サービスの役割や機能を検討することは、社会福祉の自己概念やアイデンティティを再確認するうえで大きな手がかりになると思います。

他方、多様な個別施策とのコラボレーションという視点からみると、そこにおける社会福祉の立ち位置はどのようなものになるでしょうか。私は、そのことについては多施策によるコラボレーションを社会福祉を機軸とするものとして構想しています。私の「福祉政策のブロッコリー型構造」というもう一つの概念図は、そのような視点を提起したものです。そこでは福祉政策を、社会福祉を機軸に展開される多施策コラボレーションのありようを、動態的、機能論的に捉える概念として位置づけています。

それでは、なぜ社会福祉を機軸とするのか。そのことを明確にする作業は、問題状況を分析する第二の切り口にかかわっています。社会福祉は、社会政策としての側面とともに、多様な生活の困難をもつ個人、家族、地域社会に個別的に応答し、その解決、軽減、緩和にあたる社会的援助の方法（知識と技術）、すなわちソーシャルワークという側面を含んでいます。社会福祉は一定の利用者集団を対象とする社会政策としての側面をもちますが、しかしそのねらいは、最終的にはソーシャルワークが重要な役割をもつ援助の提供という具体的、実践的な援助のレベルにおいて実現されることになります。このレベルにおいては、社会福祉は、地域社会における、地域社会による援助の提供、総じていいますと、社会福祉の地域福祉としての展開が求められることになります。ただ、周知のように、一方においてその基盤となるべき地域社会のきずなやつながり、互助性や協同性は、急速に希薄化する状況にあります。そこをどのように乗り越え、地域住民の求める援助をいかに提供するのか、基礎自治体と地域社会を基盤とするローカルガバナンスが問われることになります。

ここで第三の切り口です。ここでのキーワードの一つは「新しい公共」です。もう一つのキーワードは「新しい社会福祉を支える財政」です。これら二つの課題にどう切り結ぶかです。社会福祉は、社会総体のなかで捉えれば、多数にあるサブシステムの一つです。持続可能な社会という視点から社会福祉を把握し、考察するという切り口が必要不可欠です。

「新しい公共」、これは昨年の法政大学における大会の共通テーマでした。かつて公共といえば官や行政のことでした。公共をそのような軛《くびき》から解放し、民間の機関や団体、さらには企業なども含めた地域社会、さらには社会全体にかかわる諸問題について、多様な主体がともに議論し方針を決定する、そのための空間あるいは領野、またそこにおける活動のこととして理解しておきたいと思います。社会福祉の援助提供セクター論は、そのような新しい公共の議論と重なりあっています。援助提供セクターの多元化、民間化や民営化の促進ということが、基礎構造改革以来大きな課題になってきました。しかし、社会福祉を公設公営の制約から解放し、民間化、民営化を促進すれば、自動的に最適状態が生み出されるというわけではありません。競争原理導入の結果は良いことばかりではありませんでした。新しい公共を求めつつも、私たちは、最終的には政治的共同体としての合意形成とその執行を付託する政府と行政に期待しないわけにはいきません。そのことを機軸にしたシステムの再構築が不可欠です。

新しい公共にほぼ重なり合う言葉に、ガバナンスがあります。周知のようにこの言葉は、ガバメントからガバナンスへ、というように使われることがあります。ガバメントからガバナンスへというフレーズに、政府（行政）から民間へという意味が重ねられていることもままあります。ガバナンス、それもローカルガバナンスとして、地域社会を舞台にしたガバナンスが語られているときなど、政府や行政としての市町村を外した議論になっていることも稀ではありません。しかし、地域社会が舞台であるとはいえ、市町村もローカルガバナンスを支える重要なアクターの一つです。しかも、市町村は、地域社会において形成された合意に財源を提供し、その執行に強制力を付与することのできる唯一のアクターです。問題は、そのような市町村の政府と行政に、ガバナンスという新しい合意形成の場と過程において、どのような役割を期待するかということです。そこが難しいところです。

こうして、新しい社会福祉のありようを展望しようとすれば、議論は社会福祉を支える財政の問題に行き着きます。新しい社会福祉の財源をどのように確保するのか。もとより、民間や民営のセクターに多くを期待することはできません。その文脈でいえば、消費税の引き上げと福祉目的税化も一つの選択肢になりうるでしょう。しかし、資源再分配の方法は多面的、多角的に検討する必要があります。他方で経済の活性化も不可欠です。社会福祉をサービス産業の一部門として捉え、その発展を図るという視点もあり得ます。しかし、それは社会福祉を市場原理に丸投げするということではありません。徴税の権限を付託する政府と行政が最終的に責任を負うことを前提とする新しい公共のシステムを築き、発展させるなかで、援助提供セクターの多元化、活性化を促進する必要があります。そのときには、社会的企業も重要な選択肢になりうるように思います。

新しい社会福祉のありようを求めるとき、検討すべき課題は多様であり、かつ重いといわなければなりません。会員諸氏による活発な議論の展開を念願してやみません。

6　変革の時代の歴史研究

「山が動いた」という言葉がある。かつて日本社会党の委員長がこの言葉を引いて人口に膾炙《かいしゃ》されたことがある。それほど古い時代の話ではない。ただ、そのときには、「動いた」というほどの結果は出来《しゅったい》せずに終わってしまった。今度はどうであろうか。政権交代が実現したという意味では「山が動いた」ことになるのであろうか。

二〇〇九年の初秋、どうやら日本の社会は大きな変革、変動の時代を迎えているといえそうである。そして、変革、変動の時代は、歴史に関心が寄せられる時代である。まだ二年は経過していないと思うが、高澤武司教授に拙著を謹呈したことがあり、その返信に、この時代いよいよ歴史研究者の出番ではないかという趣旨のことが認められていた。もとより、私は歴史研究者と称されるほど歴史研究を業《なりわい》としてきているわけではないし、実績があるわけでもない。その意味では、高澤教授の期待は歴史研究者一般に寄せられたものというべきであるが、それにしても教授の先を読む眼は確かである。

(1) 歴史は過去の実験室

「歴史は過去の実験室」という言葉を、どこで、誰の著書の中で記憶にとどめたのか、今となっては確とした覚えがない。しかし、「過去の実験室」とは言い得て妙である。自然科学であれば、事象を読み解くうえで、一定の環境のもとに先行条件をさまざまに統制して、常に同じ事象が得られるかどうか繰り返し試行する。それが得られれば、先行条件と事象との間に何らかの関係の存することが認められる。当初は共変関係が想定されるとしても、先行条件が一定の環境の下において常に同一の事象をもたらし、しかも先行条件が同一の事象を結果する論理、メカニズムが明らかにされるということになれば、そこから両者の間には因果関係があるという結論が導き出される。自然科学の知識の体系は、単純化していえば、このような手続きを基礎にして構築されている。

しかし、人文科学や社会科学ではそうはいかない。心理学や社会学などでは統制された状況のなかで人々や集団に一定の刺激を与え、その結果として生じる行動の変容などを観察し、両者の関係を明らかにするといった手続きが取られることがある。たとえば、グループダイナミックスの研究などにおいては、こうした研究の方法がしばしば行われてきた。しかし、このような実験が許容される範囲は限られている。社会的な事象では、その事象にかかわりがありそうな要因を完全に統制することは困難であるし、一度起こった事象をその要因が与えられる以前の元の状態に復元することは不可能である。リセットは不可能であるし、デフォルトに戻すことなどありうることではない。

個人や家族、集団などに一定の刺激を与えて観察するなどという実験を行う際には、倫理的な問題も発生する。たとえその恐れがないという場合にも、一度起こった変化は次々に変化を引き起こすことになる。社会福祉に引きつけていえば、劣等処遇が求援抑制（救援抑制ではない）効果を引き起こすかどうかを実験的な手法によって確かめるなどということは、その影響を考えればとても許されるものではない。施設ケアと在宅ケアとどちらが有効か、効果的かなどという問題を、実験群と統制群を設けて一定の期間試行し、結果を比較するなどという手法も疑点を否定しきれない。実験群についても統制群についても、得べかりし利益を得る機会が失われてしまうという事態が十分に想定されうるからである。

そこで、意図的に実験を試みるかわりに、過去において出来《しゅったい》した事象や事例のなかから仮説にかかわりのありそうな事象や事例を取り上げ、巨細にわたって観察し、仮説の妥当性や有効性を検証するという手法がとられることになる。「歴史は過去の実験室」という言説は、簡略にいえばそのことを指している。

(2) 歴史への着眼

アカデミックな歴史研究の世界に流行りなどありそうにもないが、明らかに流行りがある。あるいは流行りという表現は適切性に欠けるかもしれないが、確かに歴史に強い関心が向けられる時代がある。それは、危機の時代、あるいは変動の時代、変革が求められる時代である。

私は、ある時期、アメリカ合衆国の社会福祉史に関心をもち、植民地時代の救貧制度、十九世紀末から二十世紀初頭におけるソーシャルワークの形成過程、ニューディール期の救済政策、一九六〇年代の貧困戦争などについて総説的な文章を執筆したことがある。その時期の経験から例を引きたい。私の印象では、アメリカにおいて社会福祉の歴史に関心が集まった時期が二つある。第一の時期は一九二九年に始まる大恐慌からニューディールの時期であり、いま一つの時期は一九六〇年代から七〇年代にかけての、象徴的にいえば貧困戦争（ウォー・オン・ポバティ）前後の時代である。

第一の時期の特徴は、州ごとの救貧制度史が編まれたことにみられる。わが国の都道府県とアメリカの州とはずいぶん異なるが、日本流にいえば都道府県単位の地方社会福祉史の編纂である。もとより、州社会福祉史のすべてが大恐慌期に書かれているわけではない。しかし、点数的にみてこの時期にピークがあることは確かである。州社会福祉史が編纂されている州は、ニューイングランド、東海岸中部、中西部、南部が中心であるが、いずれの州についても、その植民地時代から州に至る時代の救貧制度や慈善事業の発展の過程が描かれ、分析されている。

大恐慌の時代は失業の時代であり、州や市などにおいては失業対策の一環として、仕事のない文筆業者に郷土の歴史や偉人伝を書かせるということがあり、各州の社会福祉史の編纂にもあるいはそのような事情が絡んでいるかもしれない。仮にそのようなことがあったとしても、かなりの数の州において社会福祉史が編纂されたことの背景には、大恐慌とそれに対応するニューディール政策の形成という文脈のなかで、新たな救済制度の設計が求められるという状況が存在した。そうしたなかで、それぞれの州において過去の救済制度史を振り返り、そこから何らかの制度設計のヒントや制度のありようにかかわる教訓を読み出そうとする試みが行われたことは間違いないであろう。

同様の試みは、第二の時期においてもみられる。第二の時期、アメリカでは泥沼化するベトナム戦争に対する反戦運動が浸透するなかで、黒人（アフリカ系アメリカ人）による公民権運動に火がつき、貧困戦争（貧困撲滅運動）が推進された。アメリカが、「半分福祉国家（セミ・ウェルフェアステイト）」「躊躇する福祉国家（リラクタント・ウェルフェアステイト）」を目指した時期である。この時期には、ニューディール期のものも含め、十九世紀末から第二次世界大戦期頃までの社会福祉の歴史にかかわる原資料や多数の文献のリプリント版が、シリーズとして刊行されている。救貧制度を取り上げる個別の論文や著書、さらには本格的なアメリカ社会福祉通史が刊行されはじめるのも、この時期以降のことである。それらの状況が貧困戦争の推進、アメリカ版福祉国家の建設という課題の遂行と深いかかわりをもつことは、改めて指摘するまでもない。

このように、アメリカは、アメリカ社会福祉史の大きなターニングポイントとなる二つの時期において、「歴史という過去の実験室」から多大なものを学んできたのである。

（3）歴史に学ぶ視点

歴史の研究は、社会福祉学の研究において重大かつ不可欠の研究方法の一つであり、領域である。そのことは強調してこれに過ぎることはない。しかし、あれこれの過去の事実を掘り起こし、それが形成され、変化をもたらし、終焉に至るまでの経緯を明らかにすればそれで良いかといえば、そうではない。歴史研究において事実発見（ファクト・ファインディング）のもつ意味は重要である。しかし、ファクトはあらかじめファクトとして存在するわけではない。ファクトはそれ自体として意味をもつものではない。ファクトは一定の文脈のなかに位置づけられたときに、ファクトとしての意味をもつのである。

別の言い方をすれば、単なるファクトの集積としての歴史は、それ自体として意味をもつわけではない。歴史は一つであるといわれる。起こったこと自体は一つであろう。しかし、その起こったことにどのような意味を与えるか、あるいはそこからいかなる意味を読み出そうとするかによって、歴史は異なった顔貌をもって立ち現れる。指摘するまでもないことのようにも思えるが、時は危機、変動、変革の時代である。歴史研究の発展が期待されるこの時期、そのことの意義を改めて考えておかなければならない。

さきに、アメリカ社会福祉史のターニングポイントにあたる二つの時期に歴史研究に対する関心が拡大したことを指摘したが、今日の時点からそれぞれの時期の関心の方向について振り返っておきたい。

まず第一の時期、ニューディール期における歴史研究の隆盛である。この時期における州社会福祉史研究の底流には、救済制度のありようについて、十九世紀までの宗教家、教会、篤志家、救済基金、出身国組織などの民間セクターによる慈善事業や博愛事業が、徐々にカウンティ（郡）やステイト（州）による救済事業に変化してきたこと、換言すれば、救済に対する責任が民間セクターから公的セクターに移転するとともに、後者の比重が拡大してきたことを積極的な変化として捉え、その文脈の延長線上に将来の社会福祉のありようを展望しようとする視点、そしてその視点を基軸とする歴史認識の枠組みが存在していた。

公的セクターの内部に限定していえば、この時期の研究には、タウン、シティ、カウンティという、地方政府（ローカル・ガバメント）から州政府（ステート・ガバメント）へ、さらには連邦政府（フェデラル・ガバメント）へという、救済責任主体の上向的変化を社会福祉の発展として捉えようとする視点と枠組みが設定されていたといってよい。

こうした視点や枠組みは、世界恐慌によってもたらされた経済、社会、そして国民生活の全般に及ぶような崩落の危機に直面し、連邦政府のイニシアティブの下に救済制度を再構築しようとする立場を前提にすれば、必要かつ不可欠のものであったといえよう。ニューディール期の社会福祉研究者や歴史家たちは、アメリカ社会福祉の歴史のなかから、救済責任の比重が民間セクターから公的セクターへ、下位の政府から上位の政府へ移行してきたという事実（ファクト）を読み出し、危機、変動、変革の時代に連邦政府を核にする新しい救済体制を設計し、導入しようとしたニューディール政策に、思想的、理論的な裏付けを与え、それをバックアップしたのである。それが社会福祉史研究に対する時代の要請であった。

これと同様の事象は、一九六〇年代から七〇年代にかけてもみられた。先にみたように、この時期アメリカは、ベトナム戦争反対運動、公民権運動、貧困戦争という社会変動のなかで、福祉国家としての形態を一応整えることになるが、その過程をバックアップするように第一期前後の社会福祉史にかかわるドキュメントや研究史が復刻され、またアメリカ社会福祉史の通史的な研究成果が刊行されている。これまた時代の要請に応えるものであった。

しかしながら、周知のように、その後の一九八〇年代から九〇年代にかけて、四〇年代後半のイギリスに始まり、六〇年代アメリカにおける福祉国家の成立、そして七〇年代初頭のわが国の福祉国家に至る福祉国家体制は、一転して批判の対象に転化した。国家の救済責任を重視し、公約セクターによるサービス供給を基軸とする福祉国家体制は、福祉集権主義、官僚主義、国民の国家に対する依存心、税負担の拡大、預金意欲の減少、中間組織の空洞化をもたらすシステムとして批判される。そして、この福祉国家批判は、九〇年代以降、社会主義体制の崩落もあって、新自由主義、新保守主義に依拠する福祉国家批判として、世界的に大きな影響力をもつことになる。わが国の八〇年代初頭の行財政改革以来の市場原理主義、規制改革による社会福祉制度改革も、この潮流のなかにある。

この時期になると、ニューディール期以来受け継がれてきた社会福祉史観、救済責任の民間セクターから公的セクターへの上向移行、国や割合体を基軸とする社会福祉の供給と管理を肯定的に評価してきた社会福祉史観による言説は、新自由主義に依拠する強力な福祉国家批判に席を譲ることになる。社会福祉史にかかわる研究も、福祉国家批判的な視点による研究が重視されるようになり、さらには歴史研究そのものが、かつての福祉国家形成期における熱意や勢いを削がれてきたように思われる。

イギリスに発祥する福祉国家の理念は、福祉国家批判を政策の基調に据えるサッチャー政権が登場するとともに、社会民主主義体制をとるノルディック諸国に継承される。以後、十数年にわたって国営企業の解体や福祉国家政策批判に猛威を振るったサッチャー政権の時代が過ぎ去った九〇年代の後半になると、イギリスにおいては、労働党内閣によって、かつての福祉国家政策を支えた国家社会主義やノルディックの社会民主主義の路線とも、サッチャーに象徴されるような市場原理主義をとる新自由主義の路線とも異なり、市場的効率とその国家による補完を目指す「第三の道」が提唱されるようになった。そして、それはわが国に対しても大きな影響力を及ぼし、今日に至っている。わが国の社会福祉研究における「新しい公共」論、地方分権や地域社会を基盤とする社会福祉の展開を求める地域福祉主義などの言説も、広い意味ではこの「第三の道」につながるものといえよう。

実際、わが国の一九七〇年代末以来の社会福祉基礎改革は、この「第三の道」の影響の下にある。二〇〇〇年代以来の社会福祉もそうである。二〇〇九年九月に成立した民主党政権では、鳩山内閣が「新しい公共」を標榜し、菅内閣が「第三の道」を標榜した。「新しい公共」といい、「第三の道」といい、いずれもイギリスに範をとった政策の理念であり、構想である。民主党政権による社会福祉改革は、そのような政策理念と構想の下に実施されている。その意味でいえば、わが国の社会福祉はいまだにイギリスをモデルにしているといえるかもしれない。しかし、イギリスはかつての意味での社会福祉の典型国ではない。一九七〇年代末以降、イギリスは、その地位を喪失した。わが国では、イギリスに代わってノルディック諸国の社会福祉がモデルとして扱われるようになった。その頃から社会福祉の国際比較史の方法にも変化が現れてくる。今では、かつてのイギリスやアメリカを基軸にする先進国モデルから、韓国や中国にわが国を加え東アジアモデルを構想し、理念や制度のありように一定の特徴を持つ国々を集めてモデルを構成し、モデル相互を比較する、いわば同列比較モデルともいうべき方法に移行してきている。

さて、近年、わが国における社会福祉史研究は、ある意味では隆盛の時代を迎えているといってよいかもしれない。思い切った旧来にない視点と枠組みによる通史的な研究もあれば、旧制度や歴史的な社会福祉施設に関する事実掘り起こし的な研究も盛んである。このような社会福祉史研究の動向は、わが国における福祉国家批判以来の社会経済的変化や、それを支えてきた言説と無縁ではあり得ない。今日、大きな政治的変革の時代を迎え、わが国の社会福祉史研究はどのような展開をみせることになるのであろうか。

私は、社会福祉の研究が規範的な性格を帯びることは避けられないと考えている。しかし、それは規範的研究への埋没を許容するという意味ではない。規範的であることを意識しつつ、事実が何を語ろうとしているのか、そこから何が読み取れるのかを考えたいと思う。

第2章

社会福祉の研究と教育

1 社会福祉の新たな研究と教育に期待する
――『社会福祉研究の新地平』の刊行に寄せて

二〇〇八年の暮れに上梓した拙著『社会福祉研究の新地平』（以下、『新地平』という）を含め、この三十七年ほどの間に、有斐閣には社会福祉をテーマとする研究書、テキスト、事典など随分刊行していただいた。この『新地平』は、有斐閣から刊行していただいた単著の研究書として、六冊目にあたる。この数年、本書の刊行とも関連して、社会福祉にかかわる教育者、研究者として考えさせられたことも多かったように思う。刊行準備過程のエピソードに類するような部分も含め、想い起こすままに書き記しておきたい。

(1) 変化する社会福祉と社会福祉学

社会福祉の研究であるから、その対象なるものが社会福祉であることは、改めて指摘するまでもないように思える。しかし、この、研究の対象としての社会福祉の内容というか輪郭というか、それを確定するということ自体が簡単ではない。社会福祉なるものの範囲は、国によって異なり、時代によっても異なっている。

もとより、研究の対象が常に変化しており、一定の場所や時間でとどまるところがないという状況は、何も社会福祉学に限ったことではない。そうしたことは、社会、経済、政治などにかかわる事象を研究の対象としている社会科学には当たり前というべきことであろう。しかし、社会福祉についていえば、それにしても、というのが実感である。

その起点をどこに求めるかということについては諸説ありうるであろうが、近年における社会福祉の変化は枝葉の範囲にとどまらない。社会福祉における社会保険技術（介護保険制度）、福祉サービスの選択利用方式（介護保険や障害者自立支援）、応益主義による受益者負担制度（介護保険や障害者自立支援）の導入は、社会福祉の根幹、レーゾンデートルにかかわるような変化である。

社会福祉学は、そのような変化してやまない社会福祉的な事象を研究の対象とする領域であることからすれば、現実の社会福祉の変化に対応するように理論的な視点や枠組みを構築し直すことが求められる。その対応が遅滞したり不適切であったりすれば、社会福祉学は現状分析、政策設計、援助計画（ケアプラン）設計、援助実践のための手段的道具としての効用をもち得ないことになる。しかし、また、社会福祉学の視点や枠組みが、社会福祉の現実を後追いするだけの朝令暮改的な対応に終始するというのでは、理論的批判はおろか、現状分析や政策設計などの手段として効用をもち得ないはずである。

社会的な事象を対象とする研究領域においては、一方において研究対象の現実的な変化に敏感に、かつ適切に対応しつつ、他方において先行する研究や理論の継承性や、それらとの一貫性を確保し、体系的な視点や枠組みを維持し、再構築するかが求められる。

社会福祉学の領域においては、つい先日まで孝橋理論、岡村理論など提唱者の名前を冠にした呼称が存続してきた。しかし、今やそれらの冠理論から脱皮し、近年における社会福祉の著しい変化に対応するだけの射程と広がりをもつ視点や枠組みを、再構築すべき時代を迎えているのではないか。それに応える内容をもち得たかどうかは読者の判断に委ねるほかないが、私が本書の刊行を準備する過程において常に考えてきたのは、そのことである。

(2) 社会福祉士養成教育課程と社会福祉学

新著『新地平』は九章構成である。そのうち、最後の三章は、社会福祉施策の現状分析を口語体で試みる内容になっている。筆者の視点や枠組みがどのように社会福祉の現状分析に適用され、そこから何が見えてくるかを、理解しやすいかたちで読者に示すことを目的にしている。残りの六章は、社会福祉の研究方法や理論に関するもの四章、社会福祉の専門職制度に関連するもの二章から構成されている。

この篇別構成は、本書の比重が、社会福祉研究の方法や理論に関する部分に置かれていることを示している。本書の「社会福祉研究の新地平」というタイトルは、そのことを端的に示すものとして採用した。しかし、刊行のより直接的な契機は、昨今における社会福祉専門職にかかわる施策の動向である。

独立した法律に基づいて制度化されている社会福祉関連の専門職には、社会福祉士、精神保健福祉士、介護福祉士の三種類がある。社会福祉士と介護福祉士の根拠になっている法令は、一九八七（昭和六十二）年に制定された社会福祉士及び介護福祉士法であり、精神保健福祉士の根拠法は、一九九七（平成九年）年の精神保健福祉士法である。これら三種類の社会福祉専門職のうち、社会福祉士と精神保健福祉士については法制定の翌年から国家試験が実施され、つい先日（二〇〇九年三月三十一日）、それぞれ社会福祉士国家試験と精神保健福祉士国家試験の合格発表が行われたばかりである。

これら社会福祉士と精神保健福祉士の国家試験は、それぞれ第二十一回目、第十一回目にあたっているが、実は新年度（二〇〇九年度）からその内容が大幅に改正されることになっている。二〇〇七年の十二月に社会福祉士及び介護福祉士法が改正され、新しい社会福祉士養成教育課程が導入されたからである。この法改正は介護福祉士の養成教育課程の改正にも及んでいるが、ここでは社会福祉士養成教育課程に限って取り上げることにする。

社会福祉士の新養成教育課程は、いくつかの特徴をもっている。第一には、それが試験の対象となる範囲が、従来のいわゆる社会福祉六法ならびに介護保険法によって構成されるプログラム（制度）から、就労支援、青少年保護や更生保護、権利擁護や後見制度などを含むものに拡大されていることである。第二に、その範囲の拡大は、施設間の連絡調整や連携とともに、新しい領域に対する社会福祉援助技術（ソーシャルワーク）の適用という意味をもっていることである。第三に、社会福祉の地域社会と居宅サービスをベースとする展開、すなわち地域福祉としての展開を重視していることである。第四には、社会福祉の機関や施設の運営（経営）にかかわる諸問題が取り上げられていることである。

このような改正は、いずれも近年における社会福祉の動向を反映するものとして、妥当かつ適切なものと考えられる。そうしたなかで、新養成教育課程の最大の改正点であり、今後に大きな影響を与えることになると予想されるのは、新養成教育課程のどこにも社会福祉という概念が見当たらないことである。従来の養成教育課程においてその要諦としての位置に置かれていた「社会福祉原論」が姿を消してしまい、それに相当する科目として、「現代社会と福祉」が登場してきていることである。

もとより、社会福祉士の養成教育課程と社会福祉の教育課程は異なっているし、養成教育課程と社会福祉に関する研究とは次元を異にしている。そのことを考えれば、新養成教育課程の影響を過大に捉えるべきではないという指摘もありうることである。

しかし、社会福祉士及び介護福祉士法制定以来の二十数年間を振り返ってみると、明らかに社会福祉士養成教育課程がわが国における社会福祉教育のなかに着実に埋め込まれ、社会福祉教育を標準化する要素となってきたことは誰しもが認めるところであろう。そして、社会福祉の研究もまた、陰に陽にその影響を受けてきたのである。

私が本書の刊行を思い立った第二の、しかしより切実な理由は、社会福祉の教育と研究に携わる者として、新養成教育課程のもつ積極的な側面を評価しつつ、それをわが国の社会福祉研究の伝統のなかにより適切なかたちで着地させ、将来への展望に道筋をつけておきたいと考えたことにある。

(3)　社会政策・福祉政策・社会福祉

さて、「現代社会と福祉」であるが、この科目名称やシラバスに登場する「福祉」や「福祉政策」という言葉は、必ずしも目新しいというものではない。しかし、明確な概念規定が与えられてきたというわけではない。それらは、社会福祉や社会福祉政策の簡略体として、あるいは福祉政策＝広義の社会福祉＝社会政策という文脈のなかで、慣例的に用いられてきたにすぎない。

新養成教育課程が、社会福祉の代わりに福祉や福祉政策を用いているのは、社会福祉を社会福祉六法、社会福祉法、介護保険法によるプログラムという固定観念的な枠組みから解放し、時代の要請に応えうるものに拡大しようとする意図に出るものと忖度《そんたく》される。この意図については妥当かつ適切なものと考えられる。そういう意味では、福祉政策＝広義の社会福祉＝社会政策という文脈も理解できないわけではない。しかし、わが国における社会福祉学研究の歩みは、社会福祉概念を広義のものから狭義のそれに限定し、その基本的な性格を確定しようとする努力から始まっている。そして、そのような営為は、歴史的のみならず、理論的にも極めて重要な意味をもっている。

今日、わが国における社会福祉学研究は、まさに未曾有の転機にあるといって過言ではない。しかし、結論は急がれるべきではない。結論に短絡する前に、いま一度、研究史の根底に遡及し、わが国における社会福祉概念探求の歴史を振り返り、そこから近年における社会福祉の変容に対して適切に応答することのできる新たな視点と枠組みを導出し、社会福祉概念を再構築する必要があるのではないか。

私は『新地平』（なかでも第1章、第6章）において、社会政策、福祉政策、社会福祉の関係について、一定の整理を与えることを試みた。まず、社会政策についてこれを英語圏でいうソーシャルポリシーに相当する概念として捉え直し、社会福祉をそのような新しい意味での社会政策を構成する社会サービス（ソーシャルサービス）の一つとして位置づけることにした。ちなみに、新しい意味での社会政策を構成する社会サービスについては、社会福祉に加え、人権擁護、消費者保護、健康政策、教育制度、雇用政策、所得保障、保健サービス、医療サービス、司法福祉、更生保護、住宅政策、まちづくりを取り上げている。『新地平』においては、こうした関連する概念の整理を前提に、「社会福祉のL字型構造」という概念イメージを用いて社会福祉に新たな限定を与え、その独自性、固有性について論じている。

福祉政策については、新しい意味での社会政策と社会福祉の中間、より社会福祉に近いところに位置する概念として整理した。ただし、それは一定の輪郭をもった施策領域としての規定ではない。それは、社会福祉を機軸に、関連する多様な社会サービスを駆使して展開される社会福祉のありようを、マクロの政策レベルで捉えた概念として位置づけている。そのときに援用したのが、「社会福祉のブロッコリー型構造」という概念イメージである。詳細については『新地平』の関連箇所に譲るが、簡潔にいえば、ブロッコリーの茎の部分に社会福祉を位置づけ、葉の部分に関連する社会サービスを配置するというイメージである。ちなみに、ブロッコリーの葉に見えるのは花蕾《からい》であり、葉ではないということである。校正の段階でご教示いただいたことで、なるほどというところであった。

以上、今日の時点で思い起こすと、『新地平』を準備するにあたって、私にはかなりの思い入れがあったように思う。近年の社会福祉にかかわる研究と教育のありように対して何かをしておかなければという想いであるが、それだけに議論が上滑りしているようなところも多いかと考えられる。ご批判、ご教示願えれば幸いである。

2　大学改革と日本社会事業学校連盟の課題

すでに熟読された向きも多いかと思われるが、二〇〇二年八月五日、中央教育審議会から文部科学大臣に宛てて「大学の質の保障に係る新たなシステムの構築について」「大学院における高度職業人養成について」「法科大学院の設置基準について」という三通りの答申が提出された。これら三通りの答申のうち、第一の答申と第二の答申が日本社会事業学校連盟（現社会福祉教育学校連盟）にとっても個々の加盟校にとっても重要な意味をもつことは、答申の表題を見ただけでも十分に推測が可能であろう。第一の答申は、大学における教育の質の確保向上を図るという観点から、設置認可制度の見直しと第三者評価制度の導入を求めるという内容になっている。第二の答申は、大学院における高度専門職業人養成という課題に焦点を絞り、新たな大学院の類型として、教育目標を高度専門職業人の養成に特化した専門職大学院の設置を提案している。第三の答申は、表題だけを見ると社会福祉学の研究や教育には無関係のようにも思えるが、法科大学院は新しい専門職大学院の嚆矢《こうし》として位置づけられており、その設置基準は、社会福祉学の領域において専門職大学院の設置を進めようとすれば、まず第一に参照されるべき準則であるといって過言ではない。

周知のように連盟は、足掛け五年ほどにもなろうか、少なからぬ労力を割いて法人化の問題に取り組んできた。その成果の一つは、二〇〇〇年七月に設置認可を得た厚生労働省所管の社団法人日本社会福祉士養成校協会である。しかし、この養成校協会とともに車の両輪を構成するはずの文部科学省所管の社団法人の設置は、いまだに日の目を見ないでいる。このところの折衝でかすかに光明が見えてきたと思わせる兆候もないではないが、設置認可の障壁になっている問題は、「社団法人化で一体何をやろうとされているのですか」という文部科学省の問いかけに尽きるといってよい。

連盟としてはこの質問に十分答えるだけの考え方と実績を示してきたつもりであるが、それは内輪の論理ということであろうか、なかなか担当者の理解が得られないままに時間が経過してきた。そこに、今回の中央教育審議会の答申である。連盟としては、連盟を社会福祉学の領域に特化した第三者評価機関としての加盟校の評価や認定（アクレディテーション）を実施する機関として位置づけること、さらには専門職大学院としての発展をも視野に入れつつ、大学院水準における社会福祉学研究・教育の充実を図ることを軸に連盟としての事業を再整理し、いっそう精力的に社団法人の認可を働きかけることになろう。

他方、この十年以上にわたって社会福祉学を研究教育する単科大学、学部、学科、専攻の新設ラッシュが続いている。そのこと自体は、社会福祉界にとっても日本社会事業学校連盟にとっても、喜ぶべきことであろう。しかし、この数年の連字符社会福祉学とでもいうべきか、人間福祉学、医療福祉学、保健福祉学、情報福祉学、生活福祉学等々を名称とする学部、学科の設置が目立っている。また、福祉心理学、福祉情報学、福祉保健学等々、福祉を頭部に冠する学科も増加している。さらに、近年、新設校のほとんどが完成年度を待たずに、時には新設の翌年には大学院を開設する傾向にある。

連字符社会福祉学等の出現は、社会福祉学が学際科学としての性格をもつ以上避けられない傾向であるともいえるし、社会福祉学の内容が豊富になり多様化していることの結果であるといえなくもないであろう。学部、学科等の新設にあたって、何とか今までにない新味、特色を出したいという設置者の思いも理解できないわけではない。しかし、このような状況をみていると、このような学部、学科における社会福祉学の研究や教育は今後どうなるのか、そこで教育を受けた学生は将来どのような職業に就き、どのような活動の仕方をすることになるのか、そこに一抹の不安がないわけではない。

もとより、このことは新設の学部や学科だけの問題ではない。既設の大学や大学院においても事態は同様である。社会福祉学の研究者としてのオリエンテーションとアイデンティティをもち、関連領域の研究者ときちんと連携・協力しあえるだけの高い研究能力をもつ社会福祉学プロパーの研究者を、どのように養成していけばよいのか。また、社会福祉学を基礎科学としながら、関連領域の専門家と連携・協力して援助活動に携わることのできる高度の専門職業人を、どのように養成していけばよいのか。連盟としても、個々の加盟校としても、英知を集めた議論が求められている。

こうした問題に対処するため、連盟ではすでに大学院教育検討委員会を設置しているが、そこでは文部科学省や中央教育審議会の動向をにらみつつ、精力的な議論が重ねられてきている。今回の答申との関係でいえば、専門職大学院の設置を視野に入れ、社会福祉学の領域における高度専門職業人教育の受け皿として、社団法人化を前提に、上級ソーシャルワーカー（仮称）の資格を連盟の責任において設置・認定し、その普及を図ることなども案の一つとして検討されている。

いずれにしても、わが国の社会福祉学の研究と教育は大きな岐路に立たされている。連盟は不退転の覚悟をもって、将来における社会福祉学の研究と教育のあり方を追求するとともに、事業展開の基盤となる社団法人化に総力をあげるべき時期に差しかかっている。

以上、連盟副会長・東京事務所長代行というよりも個人的な資格による発言という性格が強いものとなったが、最後に加盟校による活発なご議論、ご提案を期待するとともに、理事会活動に対するご理解とご協力をお願いして擱筆《かくひつ》することにしたい。

3　社会福祉の外延的拡大と社会福祉学研究・教育

近年の社会福祉領域に顕著な動向の一つは、その外延的拡大ということであろう。社会福祉に隣接する領域の社会福祉に対する関心が増大し、社会福祉もそれを積極的に取り込むという状況のなかで、社会福祉の範囲が大幅に拡大してきている。

社会福祉と保健医療や教育との連携の必要性が説かれて久しいが、近年社会福祉の分権化、権利擁護事業の推進、生活機器、装具、補助具、住宅の改善、高齢者の介護予防、介護施設の経営などにかかわって、行政学、法律学、支援工学、健康科学、経営学など、多様な近接領域サイドの社会福祉に対する関心が深まり、拡大してきている。

社会福祉の側に立つと、こうした近年の状況は、社会福祉の領域に対する近接領域の越境、あるいは近接領域による社会福祉領域の蚕食にみえなくはない。一部ではそういった状況に対する懸念も提起されている。しかし、もとより近接領域の越境といっても、近接領域が一方的に浸透してきているわけではない。それは、社会福祉を取り巻く環境状況、それに伴う福祉ニーズの変化、社会福祉の理念、援助方法、技術などの変化に対応するため、社会福祉の側が近接領域との交渉を積極的に拡大してきた結果でもある。

それでは、われわれ社会福祉学の研究や教育に携わる者は、こうした社会福祉の外延的拡大、近接領域にみられる社会福祉への関心の増大、そして社会福祉領域に職を求める近接領域出身者の増大に対して、どのように対応すべきであろうか。

道は二つ。第一は、伝統的な社会福祉の周辺に塀を巡らし、近接領域の越境や蚕食から社会福祉の研究の領域をひたすら守ることである。第二は、近接領域の関心や方法論を積極的に社会福祉に取り込みつつ、近接領域にも問題を提起し発信することを可能にするような、社会福祉学の視点、枠組み、手続きと手順、言語体系を構築する努力をいっそう高めることである。

われわれはこれまで、学生諸君に多様な視点や枠組みから社会福祉に接近することの必要性を説いてきた。しかし、そのような多様な視点や枠組みをどのように統合し、社会福祉学として体系化するかということについては、必ずしも十分に教育してこなかった。今後とも社会福祉のいっそうの外延的拡大が予想されるなか、社会福祉学とは何か、どのようなものでありうるのか、基本に立ち返った議論が求められているように思われる。

第3章

ライフデザイン学の構築

1　二十一世紀の生活と社会をデザインする

(1)　はじめに

東洋大学では、この平成十七年四月、第九番目の学部としてライフデザイン学部を開設した。先般五月二十日に新学部開学式を終了したばかりであるが、幸いライフデザイン学部という学部名称をはじめ、学科構成、教育内容等、何かにつけて話題にしていただいているようである。以下、新学部開設の契機、理念、構成、方法等について概略を紹介し、識者のご教示を仰ぎたい。

(2)　契機――大綱化と再編成

東洋大学は、明治二十年に学祖井上円了により哲学館として開設されて以来約百二十年の歴史をもち、東京都文京区に位置する白山キャンパスを中心に、埼玉県の朝霞と川越、群馬県の板倉と、四つのキャンパスに文学部、経済学部、経営学部、法学部、社会学部、工学部、国際地域学部、生命科学部の八学部を擁する総合大学として発展してきている。

ライフデザイン学部開設の直接的な契機は、白山キャンパスの再開発を前提とする、文系五学部における一貫教育の実現である。この白山再開発は東洋大学の面目を都市型大学として一新させるものであるが、その一方において、一・二年次の学生が白山に移動したあとの朝霞キャンパスの再開発、という課題を浮上させることになった。ライフデザイン学部創設のいわば外形的な契機である。

ライフデザイン学部開設の伏線は、一九九〇年代末以来の文部科学行政における大綱化の潮流と、それに伴う教養課程の解体、そして学部の再編成である。東洋大学では、従来文学部に所属し、東洋大学における一般教養教育を担ってきた教員は、再編成を進めた複数の文系の学部を中心に各学部に分属することになった。

この大学全体に及んだ再編成の過程において、工学部の建築学、機械工学各専攻の関係者を巻き込むかたちで、文理融合かつ政策系の学科を新設する構想があった。しかしこの構想は、その折には時期尚早であったというべきか、機運が熟さないままにいつしか忘れられていった。

その後、朝霞キャンパスに新学部を設置することが正式に決定されたのは、平成十五年の暮れも押し詰まった時期である。そこに至る議論の過程においては、複数の委員から多様な内容をもつ新学部の構想が提出されたが、最終的には、われわれの提出した社会福祉系学科を中心に、スポーツ健康科学系学科、建築や機械などのエンジニアリングとの協働を目指す、文理融合系学科の三学科構想を骨子とするプランが採択されると運びとなった。
その過程において確認された新学部設置の条件は、以下のとおりである。

①わが国の社会はもとより、国際社会の発展に貢献しうる学部とすること。
②東洋大学の先行する八学部にない切り口――視点と方法をもつ学部とすること。
③実践を志向し、かつそれを裏づける理論の研究と教育を旨とする学部とすること。

東洋大学に、朝霞キャンパス新学部設置準備委員会と、それを支える新学部・新学科等設置準備室が設置されたのは、実に平成十六年一月一日のことであり、新年のご用始めとともに、翌平成十七年四月一日の開設に向け、切迫した準備作業が開始された。

(3) 理念――二十一世紀への挑戦

二十一世紀の生活（ライフ）と社会をどのように創造（デザイン）し、構築するか。そのために必要とされる知識と技術をどのように学び、開発するか。それをもって人々の生活と社会にどのようにかかわるか。簡潔にいえば、これがわれわれライフデザイン学部の目指す教育と研究の目標であり、課題である。

すでに二十一世紀を迎えて四年が経過するが、周知のように、将来への展望は必ずしも平安なものではない。わが国が高齢化社会に突入してすでに三十五年、少子化はいっそう加速化し、高齢化率の上昇は予想をはるかに超えている。こうしたわが国における人口構造の変化が、今後これまで以上に産業の基盤を揺るがし、財政構造に逼迫《ひっぱく》をもたらすことは、今や誰の目にも明らかである。

しかも、こうした変動は、先進諸国に共通するとともに、途上国における飢餓の蓄積、貧富の格差の拡大、人種・民族・宗教・文化の衝突や抗争に呼応し、また石油や鉱物などの化石資源に象徴されるような自然資源、社会資源、文化資源の有限性と連動している。

このような少子高齢化の加速、人間社会の多様な側面に及ぶ地球規模でのコンフリクトの多発、資源の有限性に対応し、持続可能な社会を構築し維持するには、従来のような事後救済的な対処や増分主義的な対処では不十分である。予想される問題状況に積極的に対処し、今後の二十一世紀社会における人々の生活と社会のより良いありようを構想し、設計し、構築していかなければならない。そして、そのことを可能にするためには、何ものにもくじけないミッションと事物の奥底を哲学し、そこから得られる知識と技術を体系化し、行動に生かすことのできる専門的職業人の育成が不可欠となる。

一般に、少子高齢化にかかわる問題というと、それに対応しているのは社会福祉ということになる。しかも、その社会福祉が対応している要保護の状態にある幼弱者、児童、高齢者、障害者、母子などは、しばしば特殊な存在であると見なされる傾向にある。しかし、もとより、社会福祉を利用している人々の存在や彼らの担う問題状況は、特殊なものではない。それは、幼弱者、児童、高齢者、障害者、母子などの担う問題状況は、われわれの社会を構成している社会、経済、政治、文化、生活意識、生活習慣などの包摂する画一性、矛盾、脆弱《ぜいじゃく》性などが、彼らの上に集中的に現れたものである。その意味では、幼弱者、児童、高齢者、障害者、母子の担う問題状況はわれわれ自身の問題であり、われわれ自身の生活につながる問題である。

　また、われわれの生活は、われわれの心身のもつ条件、なかでも健康の状態から切り離して考えることのできない領域である。

　かつて社会福祉の世界では、貧困と疾病の悪循環が重要な解決課題として強調された。逆に、労働力や兵力の健康維持を課題とするスポーツ健康科学においては、高齢者や障害者は考慮の外に置かれていた。しかし近年、そのスポーツ健康科学も高齢者や障害者の心身の状態に関心をもつようになってきている。

　建築や機械、都市計画（まちづくり）などのエンジニアリングの領域と社会福祉との間にも、新たな接点が生み出されてきている。たとえば、社会福祉と建築との接点は、スラムクリアランスや低家賃住宅の供給という領域であった。しかし近年、社会福祉が施設サービスから居宅サービスに変化するとともに、住環境の整備が社会福祉と建築を結びつける共通の領域となり、バリアフリーやユニバーサルデザイン思想の社会一般への浸透により、高齢者や障害者の存在を一般市民の姿に近づけつつある。それを可能にするための支援工学に関心が寄せられつつある。

このような社会福祉の一般化・普遍化、そしてそれが対応している問題状況の一般的・普遍的問題としての理解の進展は、生活や社会にかかわる問題を、現代社会に住む市民一般の問題として理解し、その改善や向上に取り組む必要性のあることを指し示している。

(4) 構成――焦点化と実践課題化

最終的にライフデザイン学部を構成することになった生活支援学科、健康スポーツ学科、人間環境デザイン学科（平成十八年四月の開設を目指して設置構想中）は、現代社会における人々の生命と活力の維持再生産の営みという、そのことのゆえの広さと深みをもつ生活の問題を、それぞれ主に、人間と社会的生活環境との接点、生活と心身の健康との接点、人間と物質的生活環境との接点に焦点化して把握し、それにかかわる知識や技術について教育し、研究することを課題としている。

それぞれの学科を理解する一助として、学生募集リーフレットから関連するキーワードを抽出して紹介しておきたい。

生活支援学科のキーワードは、核家族、少子化、超高齢化、子育て不安、子ども家庭支援、児童虐待、犯罪・非行の低年齢化、心の健康、精神保健福祉、介護福祉、社会福祉、健康科学、保育、幼児教育などである。

健康スポーツ学科のキーワードとしては、健康づくり、運動指導、中高齢者スポーツ、障害者スポーツ、健康長寿、健康福祉、健康教育、身体活動、アスレチック、リハビリテーション、ヘルスプロモーション、ライフスタイルなどがある。

人間環境、ユニバーサルデザイン、利用者本位のデザイン、建築、住まい、まちづくり、福祉環境、生活支援機器、プロダクトデザイン、ＷＥＢデザイン、グラフィックデザイン、市民参加は、人間環境デザイン学科を代表するキーワードである。

卒業後のキャリア形成については、それぞれ次のような進路を想定している。

生活支援学科は、社会福祉士、精神保健福祉士、介護福祉士、保育士といった国家資格の取得を前提に、各種の社会福祉施設および事業所の職員、官庁・自治体の公務員、医療機関・社会福祉協議会などの職員、社会福祉関連産業の職員、大学院への進学などを考えている。

健康スポーツ学科では、民間企業の健康サポート担当職員、自治体の保健センター、健康増進センターの職員、医療機関などにおけるスポーツリハビリテーション担当の職員、スポーツ施設でのスポーツインストラクター、ヘルストレーナーなどへの就職、また大学院への進学を期待している。

人間環境デザイン学科においては、まちづくりコンサルタント、福祉住環境コーディネーター、福祉用具プランナー、建築士、プロダクトデザイナー、リハビリテーションエンジニア、住宅メーカー、建築設計事務所、医療福祉器具メーカー、官庁・自治体の公務員、大学院への進学などが考えられている。

各学科の教育課程の特色や卒業後の進路については、概略以上のような構想と内容をもって設定されているが、教育課程の特色についても卒業後の進路についても、学部として発足したばかりであり、率直にいって高校の教師や生徒、保護者など関係者の理解が得られ難い部分のあることは否めない。生活支援学科は、内容的には従来の社会福祉学科に重なり合う性格をもつが、隣接領域として健康スポーツ学科と人間環境デザイン学科を配置し、生活をより広く、かつデザインの対象としてとらえようとする点において異なっている。また、総合大学で保育士や介護福祉士の資格を取得するコースを設定している数少ない学科となっている。

就職については、健康スポーツ学科や人間環境デザイン学科の場合には特に、働き口がそこにあるというよりも、まずもって職域や職種を開拓し、提示するという大学側の姿勢と努力が求められることになろう。数年後に直面する避けられない課題である。

(5) 方法——越境と設計の科学

ライフデザイン学部における教育や研究を支える科学（ディシプリン）の考え方についても一言しておきたい。

ライフデザイン学を構想する出発点となった社会福祉学は、もともと応用科学、学際科学としての性格が強いディシプリンであるが、その対象領域である社会福祉を含め、健康、スポーツ、トレーニング、リハビリテーション、住宅、建築物、生活機器、車いす、介護機器、まちづくり、都市計画などを包摂し、広い意味での生活を研究対象に設定するライフデザイン学では、その学際的な性格はいっそう拡大することになる。その限りでは、ライフデザイン学は文字どおり学際科学（インター・ディシプリン）、複合科学（マルチ・ディシプリン）、越境科学（トランス・ディシプリン）としての性格をもつものとなり、最終的にはそれらを総括し、一体化する、融合科学とでもいうべきものになろう。

ライフデザイン学をこのように設定すると、あるいは人間の生活と社会にかかわる諸ディシプリンの単なる集積物と見なされる恐れなしとしないが、そうではない。ライフデザイン学は、人間の生活と社会にかかわる諸ディシプリンを動員し、その成果を応用し、活用するという側面をもつが、同時に、ライフデザイン学それ自体の活動のなかから経験則的な知識を抽出し、その体系化と理論化を図るという側面をもたなければならない。

少なくとも、各学科を構成する原理として焦点化された生活支援学、健康スポーツ学、人間環境デザイン学のレベルではそのことが求められる。そのような経験的知識を抽出し、一般化・理論化するという営みがなされなければ、一定の知識と技術に依拠しながら自律性をもって活動する有能な専門的職業人を育成することは不可能であろう。

もう一点、ライフデザイン学部が共通の母体としてライフデザイン学を設定するというとき重要な意味をもつのは、それが設計科学（あるいはデザイン科学）としての性格をもつということである。ここは設計科学について詳細に論じる場所ではないが、簡略にいえば、それは自然科学の領域であれ、人文社会科学の領域であれ、あらかじめ設定された課題についてそれらを解明し、あるいは解決するために動員される一定の視点、枠組み、分析と総合の手法、言語体系をもって展開される手段と手続きの総体を意味する。

従来、そこにあるものについて、それがどのような構造をもち、どのような法則に従って運動するかを明らかにすることをもって課題とする説明科学こそが科学であり、現実の問題を分析し解決する科学は、その応用であるとされてきた。しかし、人口、資源、財源など、多様な側面において有限性が明らかになってきた現代社会において、より良い生活とそれを支える社会を持続的に維持するためには、所与の状況に分析的・説明的に接近する科学とともに、それを解決や達成の課題として設定し、その解明と実現を目指す科学の開発が不可避的な要請となっている。現在の社会が大学に求めているもの、それは、変転する社会のなかで何が問題であり課題であるかを決定する哲学と、設定された課題を解明し、解決する過程において車の両輪として機能する説明科学、そして設計科学の開発であり、課題の設定からその解明・解決に至る過程を支える力強いミッションをもつ人間を育成することにほかならない。

(6) 大学院への展開――福祉社会をデザインする

最後に、東洋大学では平成十八年の四月に、これまで大学院の社会学研究科に所属していた社会福祉学専攻ならびに福祉社会システム専攻と、ライフデザイン学部の設置に連動しつつ学部を超えた研究の領域と方法を探求するヒューマンデザイン専攻の三専攻から構成される(仮称)福祉社会デザイン研究科を、特定の学部に基礎を置かない独立研究科として開設することを目標に、鋭意設置の準備を行っている。

この独立研究科福祉社会デザイン研究科は、二十一世紀の生活と社会をデザインするというライフデザイン学部の理念と課題を、既存の社会福祉学専攻ならびに福祉社会システム専攻との連携のもとに、大学院のレベルで追求しようとするものであり、そこでは、社会福祉学専攻を中心に展開されてきた社会福祉学研究者の養成と、福祉社会システム専攻を中心に展開されてきた社会福祉従事者や医療保健従事者に対する社会人教育の豊富な経験が最大限に活用されることになろう。

本年は、「諸学の基礎は哲学にあり」と喝破し、その哲学を庶民の間に広めようとした東洋大学の学祖井上円了博士の八十七回忌にあたる。新設されたライフデザイン学部と構想中の福祉社会デザイン研究科の設置が、この井上の遺志に沿い、さらにはそれを現代に発展させる試みとなることを願っている。

2　ライフデザイン学の構想

はしがき

大学における学部は、一つのディシプリンを基礎に構成されるものであるという観点からいえば、ライフデザイン学部の基礎となるライフデザイン学について、それがどのような視点、枠組み、分析と総合の手続き、言語体系、記述の方法をもつかが問われるのは当然である。

もとよりライフデザイン学は、既知の、すでに一定の成果をもつディシプリンではない。ライフデザイン学、それは、われわれが二十一世紀における人間の社会と生活、そしてそこにおいて人々の生活の質や安寧にかかわって形成されると考えられるさまざまな課題について、そのよって立つ背景や要因を分析し、問題状況の解消あるいは軽減緩和のために必要とされる新たな知識と技術を開発、精錬、蓄積し、その現実への適用を目指して提起してきた新しいディシプリンである。

われわれはすでに、その概要、見取り図の一部について、ライフデザイン学部を構成するスタッフとともに『ライフデザイン学入門』(誠信書房、二〇〇五年四月)を編集公刊し、世に問うてきたところである。幸いなことに、この『ライフデザイン学入門』は広く社会的な関心をもって受け入れられ、多数の読者を獲得し得たように仄聞《そくぶん》している。

わがライフデザイン学部も、すでに発足後ほぼ一年を経過し、このたび学部の研究紀要として『ライフデザイン学研究』を刊行する運びとなった。この機会に、『ライフデザイン学入門』に序章として掲載した「ライフデザイン学の構想」に加筆訂正を加えたうえで再録し、改めてライフデザイン学部の構成原理、指導原理であるライフデザイン学についてのわれわれの構想を提起し、広くアカデミック・コミュニティに理解と賛同を求めることにしたい。

(1) ライフデザイン学の意義

ライフデザイン学という言葉は、多くの人々にとっては耳慣れないという印象を与えるかもしれない。まず「ライフデザイン」という言葉そのものがそうであろうが、そこに「学」がつけばなおさらのことである。

しかし、ライフザインという単語を「ライフ」と「デザイン」に分離し、さらに辞書的に日本語に置き換えてみると、それほどのことではない。ライフは生命、生活、人生、生涯などを意味し、デザインは設計、造形、意匠などを意味している。辞書的な単語の意味だけから紡ぎ出せば、ライフデザイン学は、生活設計、生涯設計などを研究と教育の対象とするディシプリンということになろう。

このように解釈すれば、ライフデザイン学という言葉もそれほど新奇なものではないということが理解されるはずである。実際、われわれのいうライフデザイン学に近いものとして、すでに生活デザイン学という先例があり、少し離れてはいるがキャリアデザイン学などの類似する用語例も存在している（いずれも学科や学部の名称である）。生活デザイン学という場合、そこに込められている意味は、生活機器、建築、服飾などのデザイン（造形や意匠）であることが多いように思われる。キャリアデザイン学の場合には、職業生活を中心に、人々の人生・生涯をどのように設計し、形成するかを追求する科学という意味であろう。また、そこには、人々の生活設計や生涯設計を支援するための知識や技術の開発という構想も含まれていそうである。いずれも参考になりそうな、魅力的な構想である。しかし、われわれのライフデザイン学の構想は、このような用語例とは少なからず趣を異にしている。

われわれのいうライフデザイン学の構想は、もう少し幅が広く、奥行きが深い。われわれはライフデザイン学を、生活デザイン学やキャリアデザイン学の設定している領域の一部を含め、人々の心身の機能や健康の維持や促進、人々がその人生のなかで、それぞれの成長発達の段階や多様な生活場面のなかで遭遇する生活の起伏や負荷、危機、それらがもたらす困難や障害、さらにはそれらに対する福祉的支援の方法、人々の心身の状況にみられる多様性に対応し、より人間的な生活を可能にする生活環境の整備やまちづくりの方法などを中心に、人々の生活の全体をターゲットに、生活にかかわる課題の析出と解決の方法を研究・教育の対象とする、新しいディシプリンとして構想している。

すなわち、ライフデザイン学の特徴は、端的にいえば人々の生活やそこに形成される起伏やリスク、生活上の困難や障害について科学的に説明し、解釈を与えることにとどまらず、その解決や緩和を目指して、最適な生活支援や健康支援の方法、生活の基盤である環境やまちのありようを追究するとともに、人々がその生涯を通じてより質の高い生活を確保し維持することを目標に、その過程を支援し、促進する施策や技術のありようをあらかじめデザイン（設計・創造）し、実現することを目指す実際的、実践的なディシプリンであることに求められる。

それでは、そのようなライフデザイン学の研究と教育は、どのような視点と枠組み、手続きに基づいて推進されるのであろうか。

(2)　ライフデザイン学の基本的な視点と枠組み

ライフデザイン学の固有の立場は、人々の生命と活力の維持と再生産の営為である日常の生活を、その統合性に留意しつつ「一つのまとまりをもった全体（as a whole）」として把握するとともに、そのより良いありようを積極的に設計、創造し、構築するという観点から研究と教育の対象にするということにあるが、今その起点となる基本的な視点と枠組み、手続きを箇条書き的に示せば、それはおよそ以下のようなものとなろう。

①人々の生活について、これを社会の総体システムを構成する狭義の社会（共同社会）システム、経済システム、政治システム、文化システムとの間に相互に規定しあう関係をもって維持され、存続する一つの（サブ）システムとして把握分析し、理解する。

②そのような人々の生活システムを、生活維持システムと生活支援システムという二部門から構成され、かつ独自の運動原理と一定の属性（社会的被規定性と自存自律性、自己保存性と目的志向性、履歴継承性と歴史的一回性、分節構造性と全体統合性、社会的普遍性と個別固有性）をもって維持され、存続する存在として把握分析し、理解する。

③人々の生活とそこに生起する諸問題を、生活者のもつ生命－身体システム、人格－行動システム、生活関係－社会関係システムという内部システムの属性ならびにそれら内部システム相互の関係性、そして出生、成長、加齢、そして死に至る人の生涯という要素を軸に把握分析し、理解する。

④人々の生活とそこに生起する諸問題を、産業、政治、教育、宗教、習慣、意識などの社会

的、経済的、政治的、文化的な諸要素から構成される社会的生活環境との代謝的関係において把握分析し、理解する。

⑤人々の生活とそこに生起する諸問題を、大気や水、樹木などの自然的諸要素、また住まい、生活機器、街路、移動手段などの人工的諸要素から構成される物質的生活環境との代謝関係において把握分析し、理解する。

⑥人々の生活とそこに生起する諸問題を、生活者の生活機能の促進、生活再建、環境整備、エンパワメント（生活能力の増進）、社会への参加と統合を支援するための施策や技術という側面から把握分析し、理解する。

⑦人々の生活とそこに生起する諸問題を、生活者のより質の高い生活を構想、設計し、その実現を図るという側面から多角的多面的に把握分析し、理解する。

⑧最後に、人々の生活とそこに生起する諸問題を、生活者の自立生活を支援する人権擁護サービス、消費者保護サービス、健康サービス、教育サービス、雇用サービス、所得維持サービス、医療保健サービス、福祉サービス、青少年サービス、更生保護サービス、住宅サービス、都市計画などの社会サービス（社会的生活支援サービス）の連携と協働という視点から把握分析し、理解する。

このような視点と枠組み、手続きに立脚するライフデザイン学は、その研究対象の性格上、哲学をはじめ法律学、政治学、経済学、経営学、社会学、心理学、教育学、心理学、生活学、社会福祉学などの人文社会科学から、建築、機械、環境などの工学、医学、看護学、理学療法、作業療法などの医療科学、保健学、健康スポーツ学などの健康科学など多様な科学に依拠せざるを得ない。おのずとライフデザイン学は、関連する諸科学の知識や技術を援用し、活用する学際科学、そして複合科学としての性格をもつことになる。

また、ライフデザイン学は、それらの関連する諸科学の知識や技術をより質の高い生活とそれを支える社会的な政策、制度、援助活動のありようの設計・構築という目標に向けて総合し、統合することを目指す設計科学として位置づけられることになる。

(3) 科学としてのライフデザイン学

このように、ライフデザイン学は、基本的に学際科学であり、複合科学としての性格をもつことになる。しかしながら、そのことは、ライフデザイン学が、先にみたような関連する諸科学の単なる応用領域として成立することを意味するものではない。

ライフデザイン学は、たしかに関連する諸科学において蓄積されてきた知識や技術を援用し、活用する。それが科学としてのライフデザイン学のもつ特徴の一つである。しかしながら、関連する諸科学のどの部分の、どのような知識や技術を援用し、活用するかを決定するのは、ライフデザイン学の側である。そして、そのような選択と決定を可能にするためには、ライフデザイン学はそこに一定の判断の基準や枠組みをもたなければならない。

そのような基準や枠組みは、ライフデザイン学それ自体の理論的、実践的な研究や活動の過程を通じて獲得された知識や技術を整理蓄積し、体系化するという科学的な営みを通じて形成されるほかはない。すなわち、ライフデザイン学には、学際科学（インター・ディシプリン）、複合科学（マルティ・ディシプリン）であることから出発しつつ、その範域を超えて、独自の知識や技術の体系をもつことが期待されるのである。もとより、その実現には相当の労力と時間が必要とされるであろうが、そのような独自の体系が構築されたとき、ライフデザイン学は新しい時代を担う融合科学（トランス・ディシプリン）として、遺憾なくその本領を発揮することになろう。

ここで学際科学というのは、いずれの既成科学の研究対象にも明確に含まれていない事象、あるいはいくつかの既成科学によるアプローチを必要とする事象について、いずれかの既成科学に足場をもつことを基本に、関連して必要とされる科学を援用して研究を推進する科学研究の一方法であり、また領域である。複合科学は、そのような学際科学が一定の段階に発展した形態であり、既成科学に一定の距離をおいて独自の足場を固めつつ、複数の既成科学の知識や技術を統合するかたちで援用しながら、独自の視点、枠組みをもつ新たな科学領域を形成しようとする試みとして理解される。融合科学は、その試みがさらに発展させられた形態であり、援用する既成科学相互の障壁が取り除かれ、自己自身の研究活動の蓄積から析出され知識や技術の体系を核に、独自の分析の視点と枠組み、手続き、言語体系、記述の方法をもつに至った新しい科学研究の方法であり、また領域を意味している。

科学としてのライフデザイン学にみられるいま一つの特徴は、その設計科学としての側面である。この特徴についても若干敷衍《ふえん》しておきたい。

周知のように、疾病、貧困、障害、蜜住、不潔など、人々の生活にかかわる諸問題とそれへの対応策の解明という領域に典型的にみられるように、人間や社会にかかわる諸科学の研究は、人文社会科学であれ自然科学であれ、すでに困難や障害などの問題が発生し、それへの対応が迫られるという差し迫った状況において、いかにして対処方法を案出するかという、いわば試行錯誤的に問題を後追いするようなかたちで推進されてきた。

このような研究が一段落した後、科学研究の趨勢《すうせい》は、自然・人間・社会にかかわる事象について、そのような現象がどのような状況のもとで、どのような経過において形成され、どのような秩序のもとに運動しているかを解明し、そこに法則的な説明を与える現象説明的、あるいは法則定立的な領域とその成果を応用する問題解決的な領域に分化する。そのうえで、アカデミズムの世界、なかでも大学においては前者の領域、すなわち研究対象の法則定立的な理解を追求する説明科学あるいは解釈科学が、科学研究の本流として位置づけられるようになり、具体的な問題の解決を求める後者の領域は、応用科学として第二義的に位置づけるという伝統が牢乎《ろうこ》に形成されてきた。

しかしながら、近年、一方において自然資源の有限性や環境条件の劣化が指摘され、他方において地球社会のグローバル化や、それと裏腹のかたちで形成されてきた人種、民族、地域、文化、宗教間の葛藤や衝突、経済や政治の混迷とそれらがもたらす諸問題の重要性が明らかにされるにつれ、科学研究の関心は、国際的かつ地域的な水準において持続可能な社会の形成を目指すという不可避的な枠組みのなかで、資源問題や社会問題に対する現実的で実現可能な対処方法を探求する方向に再びシフトしてきている。そうしたなかで、研究の手法も、問題への事後的、後追い的な対応から、問題発生の予防、さらにはより良い環境や状況を設計し、構築するという事前的な対応へその軸足を移してきているのである。

すなわち、社会の多様化・高度化・複雑化がいっそう進展するなかで、人間や社会、そして自然にかかわる諸科学の研究は、問題の発見と説明（解釈）からさらに一歩を進め、人類社会の維持発展という不可逆的な目標に向けて取り組むべき研究課題を積極的に設定し、その解決策を構想、提起し、構築する設計科学を志向する状況にある。

われわれのいうライフデザイン学は、そのような科学研究の方法をめぐる近年の動向を前提に、人々の生活とそこに生起する諸問題、そしてそれらに対応する施策や技術のありようを、人々の生活をめぐる多様な状況のなかで生活の質の向上と確保にかかわって積極的に課題を設定し、その効果的かつ効率的な解決方法の解明を志向する設計科学の観点から、理論的かつ実践的に追究しようとするものにほかならない。

(4) ライフデザイン学の三つの焦点

すでにこれまでの議論から明らかなように、ライフデザイン学は、人々の生活やそこに生起する問題にかかわって広範な範域と内容をもつ科学研究の領域である。われわれは、ライフデザイン学部を構想するにあたり、そのような領域のなかから生活支援、健康支援、生活環境支援という課題群(焦点)を抽出し、そのそれぞれを生活支援学、健康スポーツ学、人間環境デザイン学という三通りの下位分類として設定した。

生活支援学は、人々の生活の最も基礎的な部分、すなわち人間と社会的な組織・制度と代謝的な関係のなかで行われる生命と活力の維持再生産の仕組みと過程、ならびにそこに促進、育成、保護、援護など、総じていえば支援的にかかわる施策と技術のありように焦点を当てることを通じて析出された領域である。

健康スポーツ学は、人々の生活の根幹となる生命−身体システムの組織や機能、健康の状態に着目し、身体機能や健康の維持、促進、育成、回復などにかかわる施策と技術のありように焦点を当てることを通じて析出された領域である。

人間環境デザイン学は、人々の生活のハード、ソフト両面にかかわる環境的インフラストラクチャーを構成する生活機器、住まい、建築物、都市環境、まちづくりなどの整備、技術的開発、計画とそこにかかわる施策と技術のあり方に焦点を当てることを通じて析出された領域である。

これら生活支援学、健康スポーツ学、人間環境デザイン学が、われわれのライフデザイン学部の学科を構成する原理であり、その内容を方向づける原理である。生活支援学科、健康スポーツ学科、人間環境デザイン学科は、その生活支援、健康支援、生活環境支援という課題の特性に応じて、おのずと独自の研究と教育の方法を追究することになる。また、そうでなければならない。しかしながら、同時に、生活支援学科、健康スポーツ学科、人間環境デザイン学科は三位一体的な存在であり、それぞれのもつ独自性は相対的なものである。

ライフデザイン学部を構成する生活支援学科、健康スポーツ学科、人間環境デザイン学科という三通りの学科をライフデザイン学部として統合する原理は、新しい時代を切り拓《ひら》く融合科学、設計科学としてのライフデザイン学であり、それぞれの学科はその傘の下にそれぞれ独自の研究教育の課題と方法を設定し、発展を遂げることが期待される。

3　ライフデザイン学部の到達点と課題

ここ朝霞の地に、東洋大学の第九番目の学部としてライフデザイン学部を設置したのは、一九九六年四月のことであった。この二〇一一年三月二十三日には、生活支援学科（生活支援学専攻・子ども支援学専攻）と健康スポーツ学科については第三期生が、開設が一年遅れた人間環境デザイン学科については第二期生が、それぞれ卒業の時期を迎えることになる。

歳月の流れは早い。こういってしまえば月並みな話になるが、学部設置の準備の過程からかかわってきた者の一人として、愈《いよいよ》その感が強い。ライフデザイン学部の到達点という標題はいささか大袈裟であるともいえようが、学部としては設置して一クール半、六年が経過する時期でもあり、この際いくつかの点について来し方を振り返り、また将来への課題ともいえそうなことなどについて、若干言及しておきたいと思う。

（１）教員組織の継承と発展

まず、こうしたことから書き始めなければならない事態に陥ったことを悔やむばかりであるが、設置六年目にして設置準備の過程から重要な役割を果たしてきた二人の同僚が、ライフデザイン学部から欠けることになってしまった。内田雄造教授と小澤温教授である。内田雄造はつい先日、二〇一一年一月二十六日未明に、虚血性心不全のため急逝された。他方、小澤教授は同年三月で東洋大学を退職され、筑波大学に移籍される予定である。各々経緯は異なり、本来同列に言及するような振る舞いは憚《はばか》るべきことであろう。そのことは十分に承知しているつもりであるが、ライフデザイン学部の来し方、将来を考えようとすると、どうしてもそうせざるを得ない。ご両人のご寛恕《かんじょ》を願いつつ筆を進めさせていただこうと思う。

ライフデザイン学部の開設にあたって、われわれは設置する新学部の理念や構想、研究と教育の枠組み、就任が予定されている教員たちの抱負、研究の視点や枠組みなどを、入学する第一期生や将来の受験希望者やその保護者たち、高校関係者に対して明らかにし、かつ世に問うために『ライフデザイン学入門』（誠信書房、一九九六年）と称する書籍を刊行した。内田教授も小澤教授も、これを編集した五人のうちに重要なメンバーとして含まれている。これまた私事に亘《わた》ることになり憚られるところであるが、小稿の執筆者である古川も二〇一二年三月には定年退職を迎える。定年を一年後に控えていたということでは内田教授も同様であったが、小澤教授の場合、現学部長の高橋儀平教授、鈴木哲郎教授、大迫正文教授、坂口正治教授、内田祥士教授など、学部開設時に社会学部、工学部から移籍し、専門教育課程を担当してきた諸教授とともにライフデザイン学部の将来を担い、支えていただけるものと考えていただけに、まさに晴天の霹靂《へきれき》ともいうべき出来事であった。

小澤教授には開設準備の段階から心身に亘《わた》り多大のご辛労、ご苦労をいただいてきたこと、また教授の将来のご研究やキャリアのことを考えれば、そのご意向を何をおいても尊重し、受け入れなければならなかった。しかし、それにしても、内田教授が逝去され、小澤教授が退職されるという事態に、ライフデザイン学部の将来に暗雲垂れ込めるという思いである。先にお名前を挙げさせていただいた諸教授はもとより、開設時あるいはその後にお迎えした諸先生方の教育、研究の力量を考えれば、こうした筆者の思いは無用の危惧というべきであろうが、ライフデザイン学部のこれからを支える教員組織をどのように組み立て、継承し、発展させるか、関係諸氏にいっそうのご尽力を期待しなければならない。

（2）学際的教育の統合

さて、ライフデザイン学部は、その特徴を一言でいえば、学際的な教育や研究のありようを追究する学部である。学部を構成する学科の性格を概括的に表現すれば、生活支援学科は人文社会科学系、健康スポーツ学科は健康科学系、人間環境デザイン学科は理系ということになろうか。このうち、人間環境デザイン学科を理系とすることについて異論はないであろうが、生活支援学科や健康スポーツ学科については異論もあり得よう。健康スポーツ学科を健康科学系としたが、健康科学系というカテゴリーを立てること自体に異論があるかもしれない。何かと異論が予想されるのは、生活支援学科、健康スポーツ学科そのものが、すでに学際科学的な色彩を帯びているからである。人間環境デザイン学科にしても、それが物理学、化学、数学などを駆使する学際科学という意味でいえば、同列である。

ライフデザイン学部の構想は、個人のレベルデになることを許していただければ、内田雄造教授と筆者がかつて、それぞれ工学部長、社会学部長として学部長会議の席に隣り合わせていた時から始まっている。当時、東洋大学は、いわゆる一般教養課程の解体とそれに伴う学部の再編成を推進するという課題に直面させられていた。学部長会議における話題も、教育課程論やその規底にある学問論、科学論に及ぶことがしばしばであった。そうしたなかで、内田教授との間で文系と理系を架橋するような学際科学的な、これまでの東洋大学にない新たな理念、視点、枠組みをもつ学部を設置するというアイディアが生まれた。

新学部の名称をライフデザイン学部にした経緯、またそれを構成する学科として生活支援学科、健康スポーツ学科、人間環境デザイン学科とした経緯の詳細については、ここでは言及しない。ここで確認しておきたいことは、ライフデザイン学部は、学部も、それを構成する学科も、いずれも学際科学的なアプローチをとるものとして構想してきたということ、これである。当然、受験生たちにもそのことをアピールしてきた。

こうして、ライフデザイン学部は、現代社会のなかでさまざまな主体によって、それら主体のもつ心身の属性と、社会、経済、政治、文化、自然的、物質的な環境などの諸条件のなかで展開される生活、ライフという問題ないし課題領域を学際科学的に研究し、教育の対象とする新学部として発足した。このような本学部の特徴、そしてそれぞれの学科の特徴をどこに求めるかということについては、かなりのエネルギーをもって準備してきたつもりである。しかし、弱点があった。文科省による設置審議の過程で指摘されたことは、学部を一つの単位としてみたとき、三学科の教育内容をどこで取りまとめるのかということであった。この弱点に対応する方策として設置された学科目が「ライフデザイン学入門」であり、また「生涯発達論」にほかならない。

この二つの科目は、学部設置の段階で内発的に構想されたものではない。設置審議の段階において、大学設置審議会の指摘に対応するかたちで設置したものである。それだけに、学部設置後、四年間が経過した時点で廃止の提案がなされたことも、もっともなことといえばそうである。廃止の理由としては聴講者の数の多さなど、授業の進め方にかかわる難点や、志向を異にする各学科の学生に共通する授業を実施することの困難さが挙げられたと記憶する。いずれも理解し得ないことではない。しかし、ライフデザイン学部を一つの学部として考えたとき、それを統合するような学科目が必要ではないかという大学設置審議会の指摘は的確かつ妥当なものというべきであり、ライフデザイン学部として今後ともこれを維持しつつ、内容と教授法について改善を積み重ねることが求められる。

さらにいえば、ライフデザイン学部の特徴を発揮するには、三学科の相互乗り入れを可能にするような教育課程の編成が求められることになろう。学生のなかにも、福祉、健康、環境という三つの角度から生活の問題に取り組むことを標榜しているにもかかわらず、その成果がみられないという意見があると聞いている。ライフデザイン学部の今後の発展を考えるとすれば、このような意見に積極的に対応する取り組みが必要であろう。たとえば、現行のそれぞれの学科の教育課程を十分尊重しながら、いわばオプショナルなかたちでそれに必要な学科目を配置する教育課程と教育組織を設置して、副専攻制度を導入することも一案であろう。東洋大学全体としても、副専攻制度の必要性が指摘されながらまだ実現をみていない。ライフデザイン学部として、こうした動きに先鞭《せんべん》をつけるような構想が期待される。

（3） 学際性の統合

ライフデザイン学部では、その学際科学性を担保し発展させるため、発足の当初から教員各自に配分される研究費の一部をプールし、共同研究を実施する資源として活用してきた。この方式は他の学部にはみられない、ライフデザイン学部独自の方式である。共同研究の進め方は申請方式で、提出された研究計画の内容について研究委員会で審査のうえ、プールされている共同研究費から研究費を支出する。共同研究の申請にあたっては、研究チームが複数の学科に所属する教員によって構成されていることが必須の条件となる。そのことが、新学部を支える学際科学的な研究の発展に寄与するものと考えられたのである。

この共同研究方式も一時期、存続の危機に遭遇した。複数学科に所属する教員を鳩合《きゅうごう》して研究チームを構成するという要件が形式化し、無理やり名前ばかりの共同研究者を揃《そろ》えてしまっているのではないかという批判が出てきたのである。この批判は、残念なことではあるが一部あたっていた。しかし、ここでも部分的に修正が加えられつつも逆の力も作用し、共同研究方式は存続させられている。以後、少しずつではあるが学際的研究としての成果もみられるようになってきている。経験的にいえば、短兵急に功を急がず、充分に時間をかけ、試行錯誤を重ねつつ、将来に実りを期待したいものである。

実際、学際科学的な研究は時代の要請であるが、しかし成果をあげることは容易ではない。近年新たに設置された大学や学部をみると、そのほとんどが学際科学を標榜している。新しい大学や学部を設置するということになると、伝統的な経済学部、法学部、社会学部、理学部、工学部などという領域設定はいわば時代遅れであり、国際関係学部、社会情報学部、社会福祉学部、人間社会学部、キャリアデザイン学部、国際文化学部、コミュニティ振興学部など、問題別、課題別の学部設置が目白押しである。そして、これらの学部はいずれも、多かれ少なかれ学際科学的なアプローチを基礎にすることを謳《うた》っている。

このような学部とその基礎にある科学の性格は、①研究の方法論という点で、かなり明瞭に他の科学と区別される視点と枠組みをもつ科学を基礎にしている学部、②問題別や課題別に設定されている学部であり、学際科学的なアプローチを標榜にしているものの、基礎となる科学の境界がかなり薄まってきているもの、③問題別や課題別に設定されている学部であるが、学際的な基礎とされている諸科学の領域がかなり明確に残存しているもの、に区分される。第一のカテゴリーに該当するのは、経済学部、法学部、社会学部、理学部などの伝統的な学部である。たとえば、経済学も法学も、その内部に分け入ってみると多様な視点と枠組みがあり、決して一枚板ではない。しかし、経済学と法学は明確に方法論を異にしている。これに対して、国際関係学や筆者の専攻する社会福祉学などは、第二のカテゴリーに近いかもしれない。第三のカテゴリーに該当するのは、人間科学部、キャリアデザイン学部、コミュニティ振興学などであろう。ここでは研究や教育の対象は共有されていても、研究の方法については並立しているという印象が強い。

ここで三種類のカテゴリーを立てたのは、どれが望ましいかを議論するためではない。わが国では伝統的に第一のカテゴリーを重視する傾向があり、第二のカテゴリーについてはなかなか一個の科学として「学」の名称を付けることが認められない。しかし、第二や第三のカテゴリーに属する領域がすべて、第一のカテゴリーかそれに近いものにならなければならないということでもない。なかでも第三のカテゴリーに該当する領域は、近い将来において基礎になる科学の境界線が薄まるということにはならないかもしれない。しかし、その一方で、基礎になる科学の境界線を明確に残しながらも、研究の領域としては一つのまとまりをもつということもありうるのである。その先例は、教育学部や農学部の場合に認められる。教育学部や農学部はそれぞれ、教育学や農学を基礎にする学部といえる。しかし、それらの内側をみると、基礎となる科学の境界が明確に存続し続けている。教育学や農学は、第二、第三のカテゴリーとは別に第四のカテゴリーを構成しているといえるかもしれない。

先ほど筆者は、社会福祉学を第二のカテゴリーの例として挙げておいた。これは筆者個人の言説であって、社会福祉研究の領域ではむしろ少数意見というべきかもしれない。社会福祉の研究に携わる人の多数は、自己の研究領域について、ソーシャルワークであると標榜する。しかし、そのソーシャルワークが科学の一領域を指すのか、科学であるとすればどのような性格の科学であるのか、あるいはある種の社会的技術の体系を指す用語なのか、そのあたりは必ずしも明確でない。ソーシャルワーク専攻といってしまえば、面倒な議論にかかわらずに済むということであるかもしれない。

閑話休題。筆者がこのような議論を試みるのは、ライフデザイン学部は、そしてその基盤になるライフデザイン学はどのような性格をもつのか、そのことに言及しておきたいからである。私見によれば、ライフデザイン学部は、そしてその基礎となるライフデザイン学は、筆者が社会福祉学について期待しているような、経済学や法律学などのような方法論重視の科学とは異なるにしても、特有の研究領域とそれに対応する視点や枠組みをもつ新しい科学の領域に収斂《しゅうれん》する、という方向にはなかなかならないかもしれない。しかし、ライフデザイン学部というカテゴリーは、文学部や人間科学部のように多様な科学を包摂する外枠的な皮袋とは異なっている。ライフデザイン学部は、基礎となる科学の境界線を残しながらも、より豊かに内包となるべき共通性を追求するという意味においては、教育学部や農学部に近いものとして発展するべきであろうし、少なくとも筆者はそのような方向で論じてきたつもりである。

学際科学はインター・ディシプリンである。「インター」は、～の間で、相互に、の意味であるが、学際の「際」には、際立つという印象が強い。相互における研究方法の違いは尊重されなければならないが、学際的アプローチにおいては、違う研究の方法やそれによる成果に対して相互に理解し、敬意をもつことが前提になる。わが国では、最初に学んだ科学の領域を終生追究することがある種の美徳になっている。それはそれでもよいと思うが、一歩引いて考えてみれば、科学は課題解決のための手段である。自分で設定した課題を追究するには複数の科学を駆使するということがあってよい。それどころか愈《いよいよ》、多様性、複雑性、高度性を増す課題に効果的に接近するには、多様な科学を手段とする学際的アプローチが不可欠とされるのである。

第4章

社会福祉学研究余話

1 理論研究への期待——視点の立て直しを

今年、二〇〇〇年は、二十世紀最後の年であり、社会福祉の研究にも、二十世紀百年の経験を踏まえた取り組みが求められているといえよう。しかし、このところわが国の社会福祉研究は、次々に提起される福祉改革を追尾することに追われ、その歩みはやや遅れ気味というところであろうか。本筋の理論研究には殊《こと》にその感が強い。そんなことを考えていたら、理論研究のさらなる推進には視点の立て直し、課題の捉え直しが必要ではないかと思えてきた。

これまで、わが国ではしばしば社会福祉学研究の未成熟が指摘され、その成立の可能性について懸念が提起されてきた。私自身もそうしたことがあるが、このような未成熟性の指摘や成立の可能性についての懸念の表明は、わが国の社会福祉研究者や関連領域の研究者に通底する論調ともいえそうな観がある。しかし、考えてみると、こうした指摘や表明を行う研究者たちは、どのような状況を理論研究における成熟性や学問大系成立の基準（指標）にしておられるのであろうか。自戒も含め、改めて検討してみなければならない。

類似の疑問は、社会福祉、社会サービス、ソーシャルワークなどの諸概念の国や時代による違いを強調する議論にも感じることがある。そうした諸概念の意味するところが国や時代によって違うのは、周知の事実である。また、そのことが研究を困難にしていることも確かである。しかしながら、あるいはそれだけに、概念の違いを指摘するのみでは社会福祉研究は進展しないのではないか。求められているのは、そのような概念や用語違いを克服して社会福祉の研究を推進するための理論的、実際的な工夫であろう。

社会福祉の理論研究で感じる今一つの疑問は、経済学、政治学、行政学、社会学など関連諸科学の最先端の研究成果として提起される概念をいち早く採用することによって、社会福祉にかかわる諸現象を解釈してみせる研究が意外に多いということである。こうした傾向は、わが国のみならず外国にもみられることである。ソーシャルワークの領域における理論の推移をみていると、関連領域の新たな学説がそのまま取り込まれ、その速さが競われているような印象すらある。たしかに、関連諸科学の最先端の研究を援用することによって、従来みえなかったものがみえてくるということが多い。しかし、関連諸科学の最先端の動向に敏感であることは必要なことであるとしても、そこで提起された概念を援用し、解釈してみせるだけでは、社会福祉研究の発展には結びつかないであろう。

いろいろ疑問を並べてきたが、筆者が今考えていることは、わが国における社会福祉研究は、それに独自の概念装置を一体どれだけ準備し得ているかということである。浅学非才を顧みずにいえば、社会福祉研究の領域で、借り物でない概念がどれだけ存在するかということである。もとより、関連諸科学の概念の借用をすべて否定するわけではない。社会福祉研究に必要とされるすべての概念を独自につくりだすことはまず不可能なことであるし、またそうする必要もないからである。ただ、借り物でもいいが、それらが社会福祉の研究に役立つためには、それらが社会福祉研究のための概念装置――社会福祉の現状を分析し、理論構築を行うための道具や手段、自然科学における望遠鏡や実験装置に相応するもの――として再構成されていなければならないのである。

これからの社会福祉研究において大切なのは、関連諸科学の先端知に対するアクセス能力や、それらを理解し社会福祉に適用する能力だけではない。むしろ、より重要なのは、社会福祉に独自の、一連の相互に関連する概念装置をつくりだす構想力や構築力である。

2　社会福祉研究余話――若手研究者への期待

私の専攻は社会福祉学であるが、最近の若手研究者による社会福祉研究の動向をみていて考えさせられることが少なくない。その一端に言及しておきたい。

この十年ほどのことを思い起こすと、社会福祉の研究もかなり充実してきたといってよい。社会学や心理学、さらには社会科学方法論の最新の動向にも留意し、その動向を反映するような研究が増加してきている。たとえば、社会福祉研究の領域においても、量的研究や質的研究などという用語が頻繁に飛び交う状況にあり、なかでも後者の質的研究の重要性が強調され、グラウンデッドセオリーや社会構成主義などに依拠した研究の増加がみられる。それはそれで結構なことである。しかし、同時に、研究の方法に関する議論が、量的研究か質的研究かという問題に終始するような傾向がみられ、そのことについては実のところ若干の懸念を禁じ得ない。

実際、一部の若手による社会福祉研究をみると、分析の視点や枠組み、概念装置などについては、あまり関心が払われていないように思える。さらにいえば、社会福祉の全体像をどのように捉えようとしているのか、そのなかで自分自身の研究がどのような位置を占め、どのような意味をもつと考えているのか、読み取り難い研究が増加してきている。もとより、そうはいっても若手の研究者たちに、マクロ社会の動向や社会福祉の全体像について直接的に言及することを期待しているわけではない。また、そのことを推奨するものではない。しかし、直接取り上げられているテーマが細部にわたる研究であっても、基底の部分でマクロ社会の動向や社会福祉の全体像について関心が払われている研究とそうでない研究を比較すると、どこかに違いを読み取ることができるように思うがどうであろうか。

ことの継いでというわけではないが、社会福祉の領域では、大学院を修了したかしないかの時期に、「社会福祉概論」や「社会福祉入門」などの著書（教科書）（ほとんどの場合、数ページを分担した共著）を刊行する者が少なくない。困ったことにその内容は、「概論を読んで概論を書く」という類である。一部には、そのような社会的需要（教科書需要）があり、それに応えることは社会福祉研究者のなすべき社会的貢献であるという言説も見受けられる。しかし、こうした状況は、社会福祉の領域に特有のことである。この領域でなぜそれが可能となるのか。思うに、社会福祉の領域では、公知のものとして社会福祉と呼ばれる施策（政策・制度）や援助活動があり、それについて紹介し、解説を加えれば、それで「概論」になってしまうようである。このような状況は、これから社会福祉の研究を志そうという若手にとっては、まことに不幸というほかはない。

社会福祉研究の課題は、簡潔にいえば、社会福祉と呼ばれる施策や援助活動の総体（社会福祉現象）が、何故に、何を根拠に存立しているのか、それはいかなる要素と原理によって構成され、運動しているのかを明らかにするとともに、そこで得られる知見と一定の将来展望に基づき、予測可能な制度設計の構想や援助活動のプランを政策決定や援助活動に携わる人々に提示し、社会福祉の発展、ひいては社会の発展に貢献することにある。そうした社会福祉の課題に効果的・効率的に取り組むには、若手の社会福祉研究者たちは、分析の視点や枠組み、手続き、概念装置（言語体系）、資料収集の方法などについて、これまで以上に関心を払う必要があろう。

私は東洋大学に着任して十四年ほどになるが、この間、院生諸君と自主研究会として社会福祉理論研究会を開催してきている。この研究会では、戦後のわが国の社会福祉研究を先導してきた先達たちの著書十冊前後を、毎年読むことにしている。それら著作は古典というほどのものではないが、それでも最近の新入生諸君にとっては初めて手にするという、それなりに骨のある研究書である。毎年同じ本を読むのは年季の入った院生にとっては繰り返しの作業になるが、なぜそうするかといえば、何度も繰り返し読むことによって読み方が違い、受け取るものも違ってくると考えられるからである。ある意味で退屈な作業であるが、それでも今日まで途絶えることなしに続いている。それなりに効用のあることが理解されているのであろう。

この研究会で私が求めるのは、まずそれぞれの著作を的確に理解すること、徹底的に読み込んで、最終的には著者に成り代わってその主張するところを説明できるようになるまで読む、ということである。さらには、著者が主張するところを発展させるには、どこが欠けており、何を追加すればよいかを考えることである。ここまで読み込むことができれば、原著に対する批判はもとより、原著から自分自身の研究を発展させるヒントを得ることも可能になろう。また、原著者が意図していなかったような文脈でヒントを導き出すことも、あながち不可能ではないであろう。牽強附会《けんきょうふかい》に陥ることなしに、そこまで古典を自家薬籠中《じかやくろうちゅう》のものとすることができれば、原著者も望外というべきか。しかし残念なことに、社会福祉理論研究会における古典の輪読は、まだそこまでの成果はあげ得ていないように思える。

最後に、最近強い印象を受けたことに一言して締め括《くく》りとしたい。周知のように、持続可能社会（サステイナブル・コミュニティ）という概念が登場して、すでに二十年に近い年月が流れている。この概念は、新しいまちづくりなどを考えるうえで重要な意味をもつ概念として提起されたように思うが、その後、環境問題を論じる領域においても取り上げられ、今では循環型社会とほぼ同義に用いられているようなところがある。そこでは、資源の有限性とか自然との調和の必要性などの側面が強調されている。それはそれでいいのであるが、合計特殊出生率が低下し続けてきたわが国の人口は、実は来年度の二〇〇六年をピークに絶対数が減少し始めるという。わが国は二〇〇六年を境に、かつて歴史上経験したことのない人口減少社会に突入するということである。社会の基盤である共同体そのものに激震が走ろうとしているのである。

すでにわが国の社会は、人口のいっそうの高齢化、経済成長力の減退、世代間葛藤の激化、生活水準の低下など、あまり芳しくないフレーズに満ち満ちている。そうした状況のなかで、持続可能社会とは一体どのような社会であるのか、あるいはどのような社会でありうるのか、改めてそのありようについて、白山社会学会を構成する社会学、社会文化システム学、メディアコミュニケーション学、社会心理学、社会福祉学それぞれの立場から真摯に考えてみなければならない。このところ私はその思いを強くさせられている。会員諸氏はいかがであろうか。

3 『社会福祉原論』はどこまで海外に通用するか

私事にわたるが、現在日本学術振興会の研究成果刊行助成金（五九〇〇万円）を得て、拙著『社会福祉原論（第2版）』（誠信書房、二〇〇五年、四一〇ページ）の英語版の刊行作業を進めている。オーストラリアにあるパシフィックプレスから刊行予定であるが、昨秋の極東書店ニュースに掲載されていたので気づかれた方もあるかもしれない。パシフィックプレスは、オーストラリア在住の日本人の社会学者が経営している出版社で、日本の社会科学を世界に紹介することを目指している。そうしたシリーズの一冊として刊行されるということであり、出版のリストに加えてもらったこと、また日本学術振興会の刊行助成が得られたことに感謝している。

ご多聞に洩《も》れず、社会福祉学の研究も外国、なかでもイギリスやアメリカの研究に学ぶことが多い。研究者のなかには英語で業績を発表する者もあり、日本社会福祉学会も、毎年というわけではないが英語版の研究誌を刊行している。しかし、それらはいずれも海外の大学に提出された学位論文の刊行か個別論文の投稿である。日本人が日本語で書いた多少ともまとまった著作が英語に翻訳されて刊行されるのは、寡聞を恐れずにいえば、これが最初でないかと思う。その意味で喜ばしいと思い、同時に責任も感じている。

何冊かある拙著の一部については韓国や台湾の研究者の間でも読まれており、ある程度は理解も評価もしてもらっているように思う。しかし、ヨーロッパやアメリカの研究者の間にどの程度の読者を獲得することができるか、何とも覚束《おぼつか》ないことである。現在の作業状況からみて刊行は秋口になりそうであるが、結論は出してみてのことである。

それはそれとして、英語版は原著の英訳であり、訳者はパシフィックプレス関係の日本語を熟知したオーストラリア人であるが、社会福祉学の研究者ではない。いわば翻訳家とでもいうべき人物のようである。その翻訳家による素訳を匿名のアカデミック・コミュニティに属する社会科学者がチェックし、その結果を反映した訳文が送付されてくる。それを原著者である私がチェックして送り返す、という作業が続いている。このような手続きをとるのは、英語版を世界のアカデミック・コミュニティに専門書として受け入れてもらい、読者を獲得するためにはそれが必要だ、というパシフィックプレスの判断に基づいている。

この手続きについては私ももっとものことであると考えているが、英語版の訳文を見ていると、原著の趣旨が外国の読者にどこまで通用するのか考え込まされる事態が頻繁に出現する。『社会福祉原論』というタイトルが示すように、拙著は、日本の社会福祉政策と制度、その下で展開されている援助活動について紹介することを目的としたものではない。日本における、さらには海外における「社会福祉という社会的事象（客観的事象）」を構成する理念、思想、施策、活動などの基本的な特性や、それらを形成し方向づける一連の要素、それらの要素間の関係などについて多少とも理論的に分析し、整理し、体系化することを目的にしている。その限りにおいて、拙著の議論は抽象的、一般的である。しかし、その過程において日本の社会福祉にかかる施策の実態について触れないというわけにはいかない。その実態、なかでも社会福祉制度の名称を英語に訳すことが難しい。単語レベルの直訳では意味を成さないことが多い。制度の内容を反映させながら適切な訳語を選びだすことは、想像以上に難しい。厚生労働省による訳語なども参照するが、これとて一定ではない。省内の部局によって異なっているし、なかにはこれで外国人にわかるのだろうかという訳語もないわけではない。

このような難点は、具体的な政策や制度を扱う研究領域では、ある程度避けられないことかもしれない。英訳することを前提に制度名をつけるなどということは、あり得そうにないからである。しかし、取りあえずあれこれの制度とは切り離されている抽象的な概念についても同様のことが起こるということになると、ことは厄介である。

たとえば、社会福祉学の領域でも、社会問題という概念を多用する。これは social problem で問題はない。しかし、わが国には社会的問題という概念を用いる研究者がいる。そのことに言及した文章の訳が適切でない。英語では、社会問題と社会的問題の区別がつかない。やりとりしていると、一体どこが違うのかと問い合わせがくる。説明はするのだが、うまい訳語がない。やむを得ないので、社会的問題は societal problem としたのだが、伝わるかどうか定かではない。後は文脈で理解してもらうほかない。

これまた多用する生活問題についてはどうか。すぐ考えつく訳語は life problem であろう。しかし、これでは通じないという。そういう表現はないというのである。翻訳家の提案は lifestyle problem である。ほかに livelihood problem もある。いずれにしてもエーッである。livelihood は生計、暮らし、であるから間違いではない。ただ、生活問題の含意は生計の問題だけではない。lifestyle problem では何とも納得いかない。lifestyle という言葉の日本語的な意味は生活問題とは遠い。livelihood problem にして訳注でもつけてもらうほかないかもしれない。

一事が万事というわけではないが、こうした問題は何も、社会福祉学の領域に限ったことではないであろう。日本の社会科学が海外に発信されにくいという状況の背後には、研究の手法の違いもさることながら、いま私が直面しているような言葉にまつわる事情があるように思うが、いかがなものであろうか。

実は、私にはアメリカで刊行された著作の訳書が二点ある。言葉の問題についてはそれなりに配慮して翻訳したつもりである。しかし、私が翻訳した著作の原著者が日本語を理解する能力を持っていたら、私の採用した訳語に多々のクレームをつけてきたかもしれない。そう考えると、今回のオーストラリアの翻訳家の労を思わないわけにはいかないのである。ともあれ、私にとってはいい経験になっていることだけは確かである。

白山社会学会に集う若手研究者の諸君の将来には、海外との研究交流はすでに組み込み済みであろうが、ここに一例を挙げたような言葉の壁を乗り越え、是非ともグローバルな世界で活躍してもらいたいものである。

4　研究者のお作法

『広辞苑』で「作法」という項目を繙《ひもと》いてみると、「物事を行う方法」「起居・動作の正しい法式」という説明が与えられている。お作法という言い方をすると、障子や襖《ふすま》の開け閉め、箸《はし》の上げ下げ、挨拶の仕方など、日常生活のなかで求められる正しい、あるいは適切な行動の様式のことを思い起こされる向きもあるかもしれない。作法は確かに「物事を行う方法」であるが、単なる方法ではない。日常的にはむしろ「正しい法式」という意味合いが強いように思える。

「お作法」に則った行動が求められるのは、日常生活の世界だけではない。場所や職業によっても、そこにふさわしいお作法、行動の仕方、様式が求められる。場所柄を弁《わきま》えない行動をすると、眉を顰《ひそ》められることになる。職業界には職種によって期待される行動の様式があり、その期待に反すると眉を顰められたり、あからさまに非難されたりする。研究を生業《なりわい》とするわれわれにも、それに相応《ふさわ》しいお作法が求められる。研究者には研究者に期待される特有のお作法があり、それに従うことが求められる。研究者に期待されているお作法、それは研究者間に共有されているカルチャーである。

わかりきったことを、という呟《つぶや》きが聞こえてきそうであるが、あえてこういうことに言及するにはそれなりの理由がある。何かの都合で少しの時間ができたときにパソコンの検索ソフトに自分の名前を入れてみると、それなりの数のヒットがある。各種のホームページであるが、内容のほとんどは書籍販売店のホームページ、大学その他の機関や組織による役員や職員としての紹介、シンポジウムや後援会の案内などである。そうしたもののなかに、たまに私の言説に言及したブログがあったりする。そこには私の言説に対するコメントや批判も含まれている。なるほどと思える指摘や批判も多い。私も言説の世界に生きているわけであるから、コメントや批判があるということはむしろ有り難いことである。雑誌論文や書籍の刊行後時間を経ないでホームページやブログにコメントや批判が掲載されていれば、私の言説に関心を持つ読者がいるという実感をもつことができる。

しかし、その一方で、おいおいと言いたくなるようなコメントや批判も少なくない。それはそれでいいのだが、問題はその多くが匿名だということである。しかも、コメントや批判は私の言説の一部分を取り上げていることが多い。私の言説の全体をみてのコメントや批判であればそれなりに納得するのであるが、私の言説の持つ文脈を離れて、一部分のみを取上げ、おまけに口調のほうもとても褒められたものではない。言いたい放題という印象を受ける場合も稀ではない。

研究者としてコメントや批判の対象になるということは、まずそのこと自体、有り難いことである。しかし、リプライの機会を与えないかたちでの、しかも匿名によるコメントや批判というのはいかがなものであろうか。反論を気にせず思い切って言いたいことがいえる、ということでもあろうが、どうみても研究者に求められるお作法にかなっているとはいえない遣り口であると思うが、どうであろうか。

先行する研究、言説を批判的に考察するということは、いわば研究の出発点である。そのことは当然のこととして理解するが、コメントや批判は顕名（匿名の反対語としてこういう言い方があるようである）で行う、研究や言説の全体の文脈を十分に踏まえる、一部の語句やその使い方をあげつらうようなことは控える、この程度は研究者のお作法として普通に求められることであろう。

匿名ブログのコメントや批判など取り上げるほうがおかしい、放っておけばよいという声もありそうであるが、そうもいかない。ホームページもブログもなかなか便利なツールである。多大の恩恵をもたらしている、といってよい。しかし、ツールはツールである。使いようで効用も産めば、弊害も産む。匿名で言いたい放題という姿勢から建設的な成果が生み出されるとはとても思えない。アカデミック・コミュニティのなかにそのような裏カルチャーが形成されつつあることを虞《おそれ》れるのである。

以上のことは、会員諸氏には言わでもがなの話であること、それは承知のうえである。しかし、こういうかたちで迷惑を被っているのは私ばかりではないであろう。お互いに研究の成果を競い合う研究者として、研究者としてのお作法ということを思い起こしておきたいということである。そのうえで、研究者の間に活発な相互批判が展開され、そのなかから新たな進歩が紡ぎ出されていくことを期待したいと思う。

5　社会的なるものにかかわる政策的営為

(1) 伝統的な社会政策観

日本学術会議の社会学委員会に設置されている分科会の一つに、包摂的社会政策に関する多角的分析分科会と称する組織がある。私が連携会員として成り行きで委員長を務めているが、社会学委員会の承認とともに経済学委員会の承認を得ている分科会である。

この分科会が設置される過程においては、いろいろと議論があった。ここでその詳細について触れるつもりはないが、ことは、新しい分科会がその名称のなかに社会政策という名辞を含んでいることに端を発している。端的にいってしまえば、社会政策という名辞は社会学のカテゴリーには属していない、それは経済学のカテゴリーに属しているのではないか、それを社会学委員会に属する分科会の名称とするのは適切ではないという議論である。この社会政策は経済学の一領域であり、社会学とはかかわりがないという理解の仕方は、経済学においてはもとより、社会学においても一般的であろう。しかし、すでにご承知のむきも多いことと思うが、ここ十年ほどの間に、社会政策を雇用や労働にかかわる経済政策の一領域であるとする理解は実はわが国とドイツに特有なものではないかという言説が再提起され、それが少しずつ受け入れられてきているのである。

イギリスやアメリカでは、わが国の社会政策とは別に「ソーシャル・ポリシー」という概念があり、そこには雇用や労働にかかわる施策のほかに、所得、教育、保健、医療、社会福祉、住宅、さらには更生保護などにかかわる施策が含まれている。もとより、イギリスやアメリカにおいても、ソーシャル・ポリシーのコンポネント、構成要素としてどのような施策を含めるかということについて一致した見解があるわけではない。論者によって一定ではない。しかし、管見するところ、イギリスやアメリカにはそれを雇用や労働にかかわる施策に限定する議論はみられない。

(2) ソーシャル・ポリシーとしての社会政策

近年、私なども、このような意味でのソーシャル・ポリシーの概念を採用する立場に与《くみ》する者の一人となっている。ちなみにいえば、私は、ソーシャル・ポリシーのコンポネントとして、雇用や労働にかかわる施策のほかに、所得、教育、保健、医療、社会福祉、住宅、更生保護、さらには人権擁護・後見制度、消費者保護制度、健康政策、家事・少年審判制度、まちづくりなどを含めて考えることにしている。

無論のこと、これまでにも多数の社会福祉学の研究者がソーシャル・ポリシーに関心をもち、なかにはソーシャル・ポリシーに広義の社会福祉という訳語を与えている研究者も存在している。しかし、たとえ広義という接頭辞をつけるにしても、ソーシャル・ポリシーの訳語に社会福祉を充てることには無理があるというものであろう。私は、ソーシャル・ポリシーの訳語としては、内容的にみて、社会福祉よりも社会政策のほうがはるかに適合的であると考える。ただしその場合は、社会政策という用語を、わが国やドイツに伝統的なゾチアアル・ポリティークの意味から切り離し、ソーシャル・ポリシーに照応する概念として再構成する必要がある。端的にいえば、社会政策という用語を、かつてのゾチアアル・ポリティークから切り離し、ソーシャル・ポリシーの訳語として用いることができるような概念に再構成する必要がある、ということである。

(3) ディシプリンとフィールド

ここから先はやや我田引水的になるが、イギリスのソーシャル・ポリシーに関する議論の一部にも、ソーシャル・ポリシーはディシプリンなのかそれともフィールドなのか、という争点が存在している。ソーシャル・ポリシーは科学の一つの類型を意味するのか、それとも研究の対象となる一定の領域を意味するのか、というわけである。もし、ソーシャル・ポリシーがディシプリンであるとすれば、その場合は社会学や経済学、政治学とどこが異なるのかが問題となる。もし、研究の対象となる一定の領域を意味するということになれば、ソーシャル・ポリシーは社会学、経済学、政治学、あるいは社会哲学など多様なディシプリンからアプローチすることのできる、学際的な研究領域ということになろう。私のように社会福祉学の体系化を考えてきた者からすると、誠に興味深い議論ではある。ソーシャル・ポリシーを社会福祉に置き換えてみると、完全に私の関心と重なり合うことになるからである。

このような、ソーシャル・ポリシーはディシプリンなのかそれともフィールドなのかという論争は、ディシプリンとフィールドいずれの立場をとるにせよ、相手の議論に納得するということがなければ、どこまでいっても際限のないものになる可能性がある。そのことからいえば、ソーシャル・ポリシー研究者の一人であるピーター・オルコックが、ディシプリンかそれともフィールドかという論争は大学世界、研究者世界のことであり、ソーシャル・ポリシーの現場ではそのような議論とはかかわりなしに研究も実践も進められており、それでいいのだ、と主張していることには共感するところが大きい。

私としても、ソーシャル・ポリシー、私の領域でいえば、社会福祉が長いこと研究の対象領域であり、学際的な研究の対象であった事実を認めることに吝《やぶさ》かでない。ただし、私は、学際科学としての社会福祉の研究はすでにかなり複合化しており、将来的にはさらに融合化する方向に進むものと考えている。この方向が一定の成熟の段階に達したときには、ソーシャル・ポリシーや社会福祉は、既存のディシプリンとは次元を異にしつつも、新しい社会科学の一つの分科として自立することになるのではないかと考えている。

(4) ソーシャル・ワールド

少し本題から逸れてしまったかもしれない。ピーター・オルコックの言説でもう一つ興味深いのは、彼がソーシャル・ポリシーの内容、あるいはコンポネントとして位置づけることのできる施策の範囲について議論しながら、その結論として、ソーシャル・ポリシーにはその境界線を明確に線引きすることが難しいという側面があるにしても、ソーシャル・ポリシーの特徴は、それが「ソーシャル・ワールド」にかかわっていることにあると指摘していることである。

たとえば、雇用政策をソーシャル・ポリシーに含めるのか、経済政策に含めるのか、その境界を明確にすることは思ったほど簡単ではない。雇用政策を労働力政策としてみればそれは経済政策であり、労働者政策としてみればソーシャル・ポリシーであると、取りあえずいえるかもしれない。抽象の世界は別にして、実態の世界では、労働力と労働者を区別することは不可能であろう。更生保護を取り上げるにしても、それは治安維持政策でもあり、社会復帰を促進するための政策でもある。前者の側面はいわば政治（統治）政策であり、後者の側面はソーシャル・ポリシーである。

一つ一つの施策をソーシャル・ポリシー、経済政策、政治政策などのどれに属するかを明確に区別することは簡単ではない。しかし、ここで取り上げた政策についていては、そのいずれにもそれが多かれ少なかれソーシャル・ワールドにかかわる施策であるという側面を見いだすことができる。このように考えれば、確かにオルコックがいうように、ソーシャル・ポリシーはソーシャル・ワールドにかかわる施策であると規定することが可能となる。

(5) 社会的なるもの

それでは、このソーシャル・ワールドなる語句をどのように訳せばよいのか。オルコックにしてもこの語句について詳論しているわけではない。読者にソーシャル・ポリシーを端的に、あるいは多少とも直感的に理解させるために持ち出しているのではないか。そうだとすれば、ここでもあれこれ詮議するよりも、取りあえず「社会的なるもの」という訳語を与えておきたい。そして、この語句を契機に議論が展開することを期待したいと思う。

ただ、もう少し、この「社会的なるもの」という取りあえずの訳語に内容を与える手掛かりを探っておきたい。私はかねて、社会福祉に関する議論を展開するにあたって、社会の総体を社会システム、経済システム、政治システム、文化システムという四相のサブシステムから構成された四相構造社会として理解しようとしてきた。「社会的なるもの」をこの枠組みのうちの社会的システムに照応させれば、経済システムについては「経済的なるもの」が、政治システムには「政治的なるもの」が、文化システムには「文化的なるもの」がそれぞれ照応することになろうか。いま一度変換すれば、経済システムは利潤原理や市島原理が支配する世界であり、政治システムは政治的価値、理念、目標などにかかわる利害を集散離合の原理とする世界、文化システムは美や快にかかわる価値や理念、目標の創造や継承を原理とする世界である。こうしてみると、オルコックのいうソーシャル・ワールド、あるいは私のいう「社会的なるもの」の意味するところも、あらかた輪郭が与えられることになろう。「社会的なるもの」は最も簡潔にいえば「人と人とのつながり」を原理とする世界である。

私は、社会政策を、そのような社会的なるものにかかわる政策的営為の総体であり、またそのような政策的営為にかかわるディシプリン、そして研究のフィールドとして位置づけると考えている。ここ二十年来の市場主義的な規制緩和やグローバリゼーションが生み出している排除、格差、貧困の拡大、社会的ボンドの脆弱化、自己を喪失し、社会の底辺に沈殿しようとする人々の増加を眼前にするとき、私たちは、社会的なるものに関する政策的営為の意味するところとその重要性について、改めて考えてみなければならない。

6　構想力と構築力

毎年、年末から翌二月にかけての数カ月、学位論文を提出する院生諸君にとっては、まさに塗炭の日々の連続である。塗炭のとまでは言わないが、それは指導する教師にとっても同様である。三月二十三日の学位授与式は、そのような日々から最終的に解放される日であり、誠に慶賀に堪えない。

さて、この時期しばしば想起される言葉に、構想力と構築力がある。

まず、構想力である。想像力、イマジネーションのことである。ただし、ミルズの社会学的想像力にいう想像力とは別物である。ミルズの社会学的想像力は、社会を批判的に捉えるモノの見方という意味のようであるが、ここでいう想像力、構想力はもっと単純な意味である。現実に存在していないもの、これから起こるかもしれないこと、あるいは実現させようと考えていることについての現時点における表象、といえばよいであろうか。あるいは、将来起こるかもしれないこと、起こそうとしていることについて想像すること、またその力のこと、である。さらに別の言い方をすると、建築すべき建物についてのブループリントを作成すること、そしてそれを想像の世界のなかで可能にする力のことである。

私にしても、書いてみないと何ができあがるかわからない、ということがないわけではない。しかし、そのような書き方をした文章や論文の出来は、どうみても誉められるようなものではない。修士論文であっても、博士論文であればなおのこと、その時々の筆任せ、成り行き任せという文章で済ますわけにはいかないはずである。それにもかかわらず、院生諸君の修論や博論の準備過程をみていると、残念なことにそのようなタイプが散見される。そういうことでは良い成果は期待できない。

院生諸君のなかには、ブループリントがおぼろげながらが見えてきている、しかしまだ明確に意識されていない、という人がいる。そういう場合は、君が論じたいと思っていることの内容はこういうことではないか、という助言が効果的である。院生に替わってブループリントを提供しようというのではない。当然のことであるが、ブループリントは自前のものとして準備されなければならない。

もとより、構想、ブループリントといっても、空想であっては意味がない。構想やブループリントは、動かせない事実、条件を前提にするとともに、先行研究を踏まえたものでなければならない。そのような事実や条件、先行研究の成果を踏まえ、かつ許された期間と手段に基づいて実証なり論証なりが可能な構想を練り、ブループリントを作成しそれを実現するということは、周知のようにそれほど簡単なことではない。しかし、この手順がなければ優れた成果はあがらない。院生諸君にそのことを理解させ、実現させるのが、指導教授たる者の務めだということになる。

次に、構築力である。私はこれについても、ブループリントではないが、建築物を引き合いに出して説明している。家一軒、つまり論文一本をきちんと完成するためには、床は水平に、柱は垂直に、そして屋根や壁を支えるに必要な大きさと均等な長さ、強度をもって建てられていなければならない。窓枠もきちんと矩形《くけい》に設計されていなければならず、そこにはめ込まれる引き戸や窓もそれに見合う大きさ、形に制作されている必要がある。そうでなければ美しい建物は建たない。一部の柱の長さや強度が違ったり、窓枠の一部が長すぎたりすれば、それに連動して他の部分に必要な修正を加えるか、それができなければ最終的には建築を断念せざるを得ないことになる。

つまり、構築力とは、論文を構成する各要素をきちんと系統的、体系的に整理し、相互に論理的にみて齟齬《そご》のないように組み合わせ、一定の意味をもつようにすること、またそれを可能にする力のことである。コンストラクティビテイとでもいえばよいであろうか。

私はしばしば院生諸君に、論文はフィーリングで書いてはいけない、論理的にきちんと整序された文章の組み合わせでなければならない、と指摘してきた。一度書かれ、執筆者の手を離れて公の場に移されてしまえば、論文は一人歩きする。そうなれば、執筆者が論文に付き添い、そこのところはこのような意味ですと巨細にわたって説明を加え、誤解されないように努める、というわけにはいかないのである。論文は第三者に読んでもらい、しかも執筆者の意図を誤解のないように読み取ってもらわなければならない。そのために、論文には、常に系統的、体系的に整理され、論理一貫性が確保されていることが求められる。

このような、優れた論文をものするには構想力と構築力が求められる、というような言説は会員諸氏には言わずもがなのことであるかもしれない。その意味では、学会誌の巻頭言の素材として、いささか適切性を欠いているかもしれない。そうであれば、年の功の老婆心としてご海容願いたいと思う。

しかし、それにしても、この時期になると、こうしたことが念頭を離れない。院生諸君とのお付き合いもわずかに数年を残すのみとなり、改めて論文をどのように構成し、執筆すればよいかと思案させられるこの頃である。

履歴ならびに研究業績

最後に、資料として、履歴と業績を掲載しておきたい。履歴は略歴である。日本社会事業大学に就任して以後、今日に至るまで、多数の大学等において非常勤講師の職を経験してきたが、煩を避けるためその名称は省略した。また、社会活動についても、掲載したもの以外に国や自治体、社会福祉協議会その他の団体等の設置する各種委員会等において、委員、理事、監査等の職責を勤めてきたが、これについても省略した。

業績については、一九六五（昭和四十）年以降二〇一一（平成二十三）年秋までの四十六年間に執筆した著書・論文等を、「単著」「共著」「編著」「共編著」「分担執筆」「個別論文」「翻訳」「辞典等」に分けて掲載する。このうち「単著」については書名を、「共著」「編著」「共編著」については書名ならびに執筆箇所（部・章・節等）のタイトルを記載する。「分担執筆」の項では、他の研究者による編著書等に寄稿した論稿を掲載し、分担箇所とタイトルを明記することとする。「個別論文」は、大学の紀要や論集、研究誌等に発表した単著ないし一部共著の論稿であり、主要なものに限定して記載する。「翻訳」「辞典等」につても主要なものを記載し、分担した訳書については分担箇所とタイトルを明記する。ただし、「辞典等」の分担執筆した項目名については、煩を避け省略する。

履歴

氏名　古川 孝順（1942年2月18日生　69歳）

学暦　1960年　佐賀県立佐賀高等学校卒業
1960年　日本社会事業大学社会福祉学部入学
1964年　日本社会事業大学社会福祉学部児童福祉学科卒業
1966年　東京都立大学大学院人文科学研究科心理学専攻修士課程修了

学位　1994年　博士（社会福祉学）（日本女子大学）

職歴　1967年　熊本短期大学専任講師
1971年　日本社会事業大学専任講師
1975年　日本社会事業大学助教授
1982年　日本社会事業大学教授
1991年　東洋大学社会学部教授
1999年　東洋大学社会学部長（〜03年）
1999年　西九州大学大学院客員教授
2003年　東洋大学大学院社会学研究科委員長（〜04年）
2004年　東洋大学朝霞新学部設置準備委員会委員長（〜05年）

社会活動

2004年　東北福祉大学大学院客員教授
2005年　東洋大学ライフデザイン学部学部長（～09年）
2006年　東洋大学大学院福祉社会デザイン研究科委員長（～10年）
2006年　文京学院大学大学院客員教授
2007年　東洋大学福祉社会開発研究センター所長
2010年　東洋大学生涯学習センター所長
2011年　日本福祉大学大学院客員教授
1999年　文部科学省校法人・大学設置審議会専門委員会委員（～2002年）
1995年　日本社会福祉学会総務担当理事（事務局長）（1995年～1998年）／渉外担当理事（1998年～2001年）
1997年　日本社会事業学校連盟副会長（～2002年）
2001年　（社）日本社会福祉士養成校協会副会長・常務理事（～2003年）
2003年　文部科学省学校法人・大学設置審議会専門委員（通信制教育部会・専門職大学院部会）
2003年　（社）日本社会福祉教育学校連盟副会長（～2007年）
2004年　日本社会福祉学会副会長（～2007年）
2006年　社会福祉系学会連絡協議会会長（～2007年）
2003年　大学基準協会評価委員

２００６年　日本学術会議連携会員
２００６年　社会福祉士国家試験委員会委員長
２００７年　日本社会福祉学会会長（～２０１０年）
２００８年　社会政策関連学会協議会代表
２００９年　日本学術会議包摂的社会政策に関する多角的検討分科会委員長
２００９年　介護福祉士養成大学連絡協議会会長

研究業績

〔1〕単著

1 『子どもの権利』有斐閣、昭和57年
2 『児童福祉改革』誠信書房、平成3年
3 『社会福祉学序説』有斐閣、平成6年
4 『社会福祉改革』誠信書房、平成7年
5 『社会福祉のパラダイム転換――理論と政策』有斐閣、平成9年
6 『社会福祉基礎構造改』誠信書房、平成10年
7 『社会福祉の運営』有斐閣、平成13年
8 『社会福祉学』誠信書房、平成14年
9 『社会福祉原論』誠信書房、平成15年
10 『社会福祉学の方法』有斐閣、平成16年
11 『社会福祉原論』誠信書房、平成17年
12 *Social Welfare in Japan : Principles and Applications.* Trans Pacific Presss, Melbourne, 2007.
13 『福祉ってなんだ』岩波書店（岩波ジュニア新書）、平成18年
14 『社会福祉研究の新地平』有斐閣、平成20年

15 『社会福祉の拡大と限定』中央法規出版、平成21年
16 『社会福祉学の探求』誠信書房、平成24年
17 『福祉改革研究――回顧と展望』中央法規出版、平成24年
18 『社会福祉の新たな展望』ドメス出版、平成24年

〔2〕共　著

1 『社会福祉論』(庄司洋子・定藤丈弘との共著) 有斐閣、平成5年 (執筆箇所＝序章「転型期の社会福祉」、第1章「社会福祉の概念と枠組」、第2章「社会福祉の歴史的展開」、第3章「戦後日本の社会福祉と福祉改革」、第4章「社会福祉の対象(1)」、第6章「社会福祉の供給体制(1)」、第7章「社会福祉の供給体制(2)」)
2 『援助するということ』(岩崎晋也・稲沢公一・児島亜紀子との共著) 有斐閣、平成14年 (執筆箇所＝第一章「社会福祉援助の価値規範――社会と個人の交錯するところ」)

〔3〕編　著

1 『社会福祉供給システムのパラダイム転換』誠信書房、平成4年 (執筆箇所＝序章「社会福祉供給システムのパラダイム転換――供給者サイドの社会福祉から利用者サイドの社会福祉へ」、第1章「福祉改革――その歴史的位置と性格」、第19章「利用者の権利救済――オンブズマン制度素描」)
2 『社会福祉21世紀のパラダイムⅠ――理論と政策』誠信書房、平成10年 (執筆箇所＝序章「社会福祉21世紀への課題」、第1章「社会福祉理論のパラダイム転換」)

3 『社会福祉21世紀のパラダイムⅡ――方法と技術』誠信書房、平成11年（執筆箇所＝第1章「社会福祉基礎構造改革と援助パラダイム」）

4 『子どもの権利と情報』ミネルヴァ書房、平成11年（執筆箇所＝1－1「研究の目的と方法」、2－1「研究の目的と方法」）

5 『生活支援の社会福祉学』有斐閣、平成19年（執筆箇所＝序章「生活支援の社会福祉学」）

〔4〕共編著

1 『児童福祉の成立と展開』（浜野一郎・松矢勝宏との共編著）川島書店、昭和50年（執筆箇所＝第1部序章「資本主義社会と児童福祉」、第1章「児童の救貧法的救済」、第2章「児童問題と児童保護」、第3章「児童福祉の成立」）

2 『社会福祉の歴史』（右田紀久恵・高沢武司との共編著）有斐閣、昭和52年（執筆箇所＝序章「社会福祉政策の形成と展開」、1「重商主義の貧民政策」、5「自助・貧窮・個人責任の論理」、7「ニューディールの救済政策」）

3 『現代家族と社会福祉』（一番ケ瀬康子との共編著）有斐閣、昭和61年（執筆箇所＝第五章Ⅲ「児童福祉の契機と背景」）

4 『社会福祉施設――地域社会コンフリクト』（庄司洋子・三本松政之との共編著）誠信書房、平成5年（執筆箇所＝「はじめに―社会福祉施設―地域社会関係の新しい地平を求めて」、第一章「社会福祉施設―地域社会コンフリクト研究の意義と枠組」、第三章「施設―地域コンフリクトの発生と展開」）

5 『社会福祉概論』（松原一郎・社本修との共編著）有斐閣、平成7年（執筆箇所＝序章「これからの社会福祉」、第1章「社会福祉の概念と機能」、第4章「社会福祉の対象—問題とニーズ」)
6 『介護福祉』(佐藤豊道・奥田いさよとの共編著)有斐閣、平成8年(執筆箇所＝序章「介護福祉と政策課題」、第12章「介護福祉政策の展望」)
7 『社会福祉概論Ⅰ』(蟻塚昌克との共編著)全国社会福祉協議会、平成9年(執筆箇所＝第1章第1節「社会福祉の概念と枠組み」、第1章第3節「社会福祉理念の発展」)
8 『社会福祉概論Ⅱ』(蟻塚昌克との共編著)全国社会福祉協議会、平成9年(執筆箇所＝第1部第1章「社会福祉の運営問題」、第2章「社会福祉のシステム厚生」、第3章「社会福祉の運営システム」、第4章「社会福祉運営の原理と枠組」)
9 『社会福祉原論』(阿部志郎・京極高宣・宮田和明との共編著)中央法規出版、平成9年(執筆箇所＝第一章第一節「社会福祉の概念と枠組み」)
10 『世界の社会福祉9——アメリカ・カナダ』(窪田暁子・岡本民夫との共編著)旬報社、平成12年(執筆箇所＝第1部Ⅰ「アメリカ合衆国の歴史と社会」、Ⅱ「社会福祉の歴史」、Ⅲ「社会福祉の構造」)
11 『新版・社会福祉原論』(阿部志郎、京極高宣、宮田和明との共編著)中央法規出版、平成13年(執筆箇所＝第1章第1節「社会福祉の概念と枠組み」)
12 『新版・社会福祉概論』(蟻塚昌克との共編著)全国社会福祉協議会、平成13年(執筆箇所＝第1章第1節「社会福祉の意義と理論、第2節3「社会福祉理念の発展」、第2章「社会福祉運営の原理と構造」、第7章「社会福祉をめぐる動向」)
13 『改定・介護福祉論』(佐藤豊道・奥田いさよとの共編著)有斐閣、平成13年(執筆箇所＝序章「介護福祉と政策課題」、第12章「介護福祉政策の展望」)
14 『新版・社会福祉の歴史』(右田紀久恵・高沢武司との共編著)有斐閣、平成13年(執筆箇所＝序章「社会福

祉政策の形成と展開」、1「重商主義の貧民政策」、5「自助・貧窮・個人責任の論理」、7「ニューディールの救済政策」、20「社会福祉基礎構造改革」）
15『戦後社会福祉の総括と二一世紀への展望Ⅲ——政策と制度』（三浦文夫・田端光美・高橋紘士との共編著）ドメス出版、平成14年（執筆箇所＝第3部第2章「社会福祉政策の再編と課題」）
16『現代社会福祉の争点（上）』（秋元美世・副田あけみとの共編著）中央法規出版、平成14年（執筆箇所＝1「規制改革と社会福祉」、2「社会福祉事業範疇の再構成」）
17『現代社会福祉の争点（下）』（副田あけみ・秋元美世との共編著）中央法規出版、平成15年（執筆箇所＝1「措置制度と利用制度」）
18『ライフデザイン学入門』（内田雄造・小澤温・鈴木哲郎・髙橋儀平との共編著）誠信書房、平成17年（執筆箇所＝序章「ライフデザイン学の構想」）
19『エンサイクロペディア社会福祉学』（岡本民夫・田端光美・浜野一郎・宮田和明との共編著）中央法規出版、平成19年（執筆箇所＝Ⅰ「21世紀社会福祉の戦略　1総論」、Ⅲ「社会福祉の歴史的展開　1総説、2日本の社会福祉⑧高度経済成長と社会福祉の拡大、⑩基礎構造改革の展開、4アメリカの社会福祉①アメリカ社会生成期の救貧と慈善」、Ⅳ「社会福祉の思想・理論と研究の方法、2社会福祉の理念と思想⑧自立の思想、4社会福祉研究の方法と課題①社会福祉の対象、施策、機能、方法」、Ⅴ「社会福祉の対象・施策・機能　1総説、2社会福祉の対象③福祉ニーズ、4社会福祉の機能①社会福祉の福祉的機能、⑩社会福祉の社会的機能」
20『現代の児童福祉』（田澤あけみとの共編著）有斐閣、平成20年（執筆箇所＝第三章「児童福祉援助の視点」、第六章「児童福祉サービスの供給と利用」、第一二章「児童福祉21世紀の課題」）
21『現代社会と福祉——社会福祉原論』（後藤玲子・武川正吾との共編著）中央法規出版、平成21年（執筆箇所＝第一章「現代の福祉と福祉政策」、第九章「福祉政策と社会福祉制度」）

22 『現代社会と福祉――社会福祉原論（第二版）』（後藤玲子・武川正吾との共編著）中央法規出版、平成22年（執筆箇所＝序章「視点と枠組」、第2章「福祉と福祉政策」、第8章第1節「福祉政策の理念」、同2節「福祉政策資源の配分システム」）

〔5〕分担執筆

1 『児童臨床心理学』（子どもの生活研究所編）垣内出版、昭和44年（執筆箇所＝第5章「児童臨床施設と利用（児童相談所／教育相談所／学校／児童福祉施設）」）
2 『家族・福祉・教育』（社会学セミナー3）（湯沢雍彦・副田義也・松原治郎・麻生誠編）有斐閣、昭和47年（執筆箇所＝16「児童問題の構造」）
3 『児童福祉論』（一番ヶ瀬康子編）有斐閣、昭和49年（執筆箇所＝第I部第二章A「児童問題の論理」、E「児童福祉への展開」、第五章「児童福祉の分野と方法」、第Ⅱ部三章「児童福祉労働者問題」）
4 『社会保障論』（小山路男・佐口卓編）有斐閣、昭和50年（執筆箇所＝第21講「社会福祉（2）・児童福祉」）
5 『養護問題の今日と明日』（一番ヶ瀬康子・小笠原祐次編）ドメス出版、昭和50年（執筆個所＝Ⅲ「福祉労働の規定要因」）
6 『児童政策』（一番ヶ瀬康子編）ミネルヴァ書房、昭和51年（執筆個所＝第1章第3節「現代の児童福祉政策―アメリカ児童福祉政策の成立過程を中心に」）
7 『児童の権利』（佐藤進編）ミネルヴァ書房、昭和51年（執筆個所＝第2章「わが国における児童の権利の生成―児童福祉政策・立法の史的展開」）
8 『社会福祉の社会学』（副田義也編）一粒社、昭和51年（執筆個所＝第二部第三章「高度成長期の児童福祉」）

9 『現代日本の社会福祉』（日本社会事業大学編）勁草書房、昭和51年（執筆個所＝第1部「地方自治体の社会福祉政策」）
10 『現代の福祉』（真田是編）有斐閣、昭和52年（執筆個所＝第7章「児童と福祉―児童問題と児童サービス」）
11 『児童と社会保障』（坂寄俊雄・右田紀久恵編）法律文化社、昭和52年（執筆個所＝Ⅱ‐1「資本主義国の児童の社会保障―イギリスの児童保障」、2「アメリカの児童保障」、3「スウェーデンの児童保障」、5「ＩＬＯ・国際児童年」
12 『社会福祉の形成と課題』（吉田久一編）川島書店、昭和56年（執筆個所＝第17章「社会福祉政策史分析の基準」）
13 『社会保障読本』（地主重美編）東洋経済新報社、昭和58年（執筆個所＝第7章「主要制度の現状―社会福祉」）
14 『日本の社会と福祉』（講座福祉国家6）（東京大学社会科学研究所編）東京大学出版会、昭和60年（執筆個所＝第4章「戦後日本における社会福祉サービスの展開過程」）
15 『社会福祉の現代的展開』（日本社会事業大学編）勁草書房、昭和61年（執筆個所＝第1部「社会福祉の拡大と動揺―70年代の動向素描」）
16 『福祉における国と地方』（伊部英男・大森彌編）中央法規出版、昭和六三年（執筆個所＝第1部「戦後福祉政策の展開と福祉改革」〈庄司洋子との共著〉）
17 『福祉サービスの理論と体系』（仲村優一編）誠信書房、平成元年（執筆個所＝「戦後社会福祉の展開と福祉改革問題」）
18 『児童福祉法制改革の方向と課題』（全国社会福祉協議会児童福祉法制研究会編）、平成3年（執筆個所＝第4章「児童福祉体系の再編成の課題」）

19 『人文書のすすめ』（人文会25周年記念委員会編）人文会、平成5年（執筆個所＝「日本的福祉の現状」）
20 『転換期の福祉政策』（山下袈裟男編）ミネルヴァ書房、平成6年（執筆個所＝第2章「地域福祉の供給システム」）
21 『21世紀社会福祉学』（一番ヶ瀬康子編）有斐閣、平成7年（執筆個所＝序章「日本社会福祉学の展望と課題」）
22 『先進諸国の社会保障――アメリカ』（藤田伍一・塩野谷祐一編）東京大学出版会、平成11年（執筆個所＝第4章「社会保障の歴史的形成」）
23 『社会福祉の国際比較研究の視点・方法と検証』（阿部志郎・井岡勉編）有斐閣、平成12年（執筆個所＝第一部第二章「比較社会福祉学の視点と方法」）
24 『生活のための福祉』（岸本幸臣編）コロナ社、平成16年（執筆個所＝第一章「社会福祉の視点と枠組み」）
25 『福祉政策理論の検証』（日本社会福祉学会編）中央法規出版、平成20年（執筆個所＝第三部第四章「『政策と理論問題』に関わる若干の考察」）
26 『社会保障法・福祉と労働法の新展開』（荒木誠之・桑原洋子編）信山社、平成22年（執筆個所＝第11章「生活支援施策の再構築と社会福祉」）
27 『地域におけるつながり・見守りのかたち』（東洋大学福祉社会開発研究センター編）中央法規出版、平成23年（執筆個所＝序章「福祉社会の形成あるいは福祉社会化」）

〔6〕個別論文

1 「施設児の研究―不安尺度による」日本社会事業大学社会事業研究所『社会事業研究所年報』No.3、昭和40年

所収
2 「マターナル・ディプリベイション理論についての二、三の検討」日本社会事業大学社会福祉学会『社会事業研究』No.5、昭和40年所収
3 「子どもの権利と発達」日本社会事業大学社会福祉学会『社会事業研究』No.6、昭和42年所収
4 「養護施設の今後」日本社会事業大学社会事業研究所『社会事業研究所年報』No.5、昭和四二年所収
5 「児童養育の私事性と保育所」熊本短期大学『熊本短大論集』No.37、昭和43年所収
6 「親の児童養育責任と児童福祉」熊本短期大学『熊本短大論集』No.38、昭和44年所収
7 「現代における児童養育の特質―私事性と社会性」熊本短期大学『熊本短大論集』No.39、昭和45年所収
8 「児童福祉における対象把握について」熊本短期大学『熊本短大論集』No.40、昭和45年所収
9 「障害児問題への接近」熊本短期大学『熊本短大論集』No.41、昭和45年所収
10 「児童福祉における対象の問題」日本社会福祉学会『社会福祉学』No.10、昭和45年所収
11 「非行問題理解の枠組」青少年問題研究会『青少年問題』Vol.21、No.1、昭和48年所収
12 「児童福祉対象把握の枠組」日本社会事業大学社会事業研究所『社会事業研究所年報』No.9・10合併号、昭和48年所収
13 「アメリカ社会福祉史の方法をめぐって」（W・トラットナー著／古川孝順訳『アメリカ社会福祉の歴史』）川島書店、昭和53年所収
14 「児童福祉」全国社会福祉協議会『月刊福祉』Vol.61、No.12、昭和53年所収
15 「アメリカ母子扶助法成立史論」社会福祉法人真生会社会福祉研究所『母子研究』No.2、昭和54年所収
16 「わが国児童福祉の現状と課題」鉄道弘済会『社会福祉研究』No.24、昭和54年所収
17 「戦後児童福祉政策・立法の展開素描」中央学術研究所『真理と創造』No.13、昭和54年所収

18 「ニューディール救済政策」社会事業史研究会『社会事業史研究』第8号、昭和55年所収
19 「戦後アメリカにおける福祉改革」総合労働研究所『季刊労働法』別冊第8号（『現代の社会福祉』）昭和56年所収
20 「児童福祉の自立と動揺」全国社会福祉協議会『月刊福祉』Vol. 66、昭和56年所収
21 「養護施設退園者の生活史分析」（庄司洋子・大橋謙策・村井美紀との共著）日本社会事業大学『社会事業の諸問題』29集、昭和56年所収
22 「戦後社会福祉サービス展開過程分析ノート」日本社会事業大学『社会事業の諸問題』30集、昭和59年所収
23 「社会福祉展開史分析基準再論ノート―生活保障システムの歴史的展望」日本社会事業大学『社会福祉の諸問題』31集、昭和60年所収
24 「養護施設における進路指導の実態―中間報告」全国養護施設協議会『全国養護施設長研究協議会第39会研究発表大会資料集』昭和60年所収
25 「現代の貧困と子どもの発達権保障」『子どもの人権』（「ジュリスト増刊総合特集」No. 43）有斐閣、昭和61年所収
26 「比較社会福祉の視点―予備的考察」日本社会事業大学『社会事業の諸問題』32集、昭和61年所収
27 「占領期対日福祉政策と連邦緊急救済法」社会事業史研究会『社会事業史研究』第15号、昭和62年所収
28 「脱『施設社会化』の視点」（庄司洋子・村井美紀・茨木尚子との共著）日本社会事業大学『社会事業の諸問題』第34集、昭和63年所収
29 「福祉改革への視点と課題」日本社会事業大学社会事業研究所『社会事業研究所年報』第24号、昭和63年所収
30 「中卒養護施設児童の進路選択―家族的要因との関わりを中心に」（庄司洋子・村井美紀との協同執筆）全国養護施設協議会『全国養護施設長研究協議会第42回研究発表大会資料集』昭和63年所収

31 「これからの福祉施設」児童手当協会『児童手当』11、12月号、昭和63年所収
32 「福祉改革三つの視点」全国社会福祉協議会『月間福祉』72巻3号、平成元年所収
33 「民生・児童委員活動の実態と展望」（庄司洋子との共著）日本社会事業大学社会事業研究所『社会事業研究所年報』第25号、平成元年所収
34 「新しい社会福祉供給＝利用システムと民生・児童委員の役割」（村井美紀・宮城孝・茨木尚子・庄司洋子・三本松政之・岡本多喜子・小松理佐子との共著）日本社会事業大学社会事業研究所『社会事業研究所年報』第26号。平成2年所収
35 「福祉ニーズ＝サービス媒介者としての民生・児童委員」日本社会事業大学社会事業研究所『社会事業研究所年報』第26号、平成2年所収
36 「社会福祉改革のなかの児童福祉」鉄道弘済会『社会福祉研究』52号、平成3年所収
37 「福祉改革問題への視座」熊本短期大学社会福祉研究所『熊本短期大学社会福祉研究所報』19・20号、平成3年所収
38 「批判的社会福祉の方法」東洋大学『東洋大学社会学部紀要』第30－1号、平成5年所収
39 「ホームヘルプ・サービス研究の枠組」東洋大学『東洋大学社会学部紀要』第32－1号、平成6年所収
40 「国際化時代の社会福祉とその課題」日本社会福祉学会『社会福祉学』第35－1号、平成六年所収
41 「社会福祉施設改革の展望と課題」鉄道弘済会『社会福祉研究』60号、平成六年所収
42 「社会福祉分析の基礎的枠組」熊本学園大学社会福祉学部『社会関係研究』平成7年所収
43 「アメリカ社会福祉における公民関係の展開とその教訓―19世紀の末から20世紀初頭を素材として」社会事業史研究会『社会事業史研究』第23号、平成7年所収
44 「社会福祉の制度・政策のパラダイム転換」鉄道弘済会『社会福祉研究』65号、平成8年所収

45 「公的介護保険と福祉マンパワー問題」有斐閣『ジュリスト』No.1094、平成8年所収
46 「児童福祉施設の職員構成と専門性」全国社会福祉協議会『月間福祉』第79巻第12号、平成8年所収
47 「社会福祉二十一世紀への展望」朝日新聞社アエラムック『社会福祉学のみかた』平成9年所収
48 「地域福祉の推進と民生委員・児童委員活動への期待」全国社会福祉協議会『月間福祉』第80巻第14号、平成9年所収
49 「戦後社会福祉の骨格形成」東洋大学『社会学研究所年報』第30号、平成9年所収
50 「戦後社会福祉の拡大過程」東洋大学『社会学研究所年報』第31号、平成10年所収
51 「社会福祉事業範疇の再構成」鉄道弘済会『社会福祉研究』第76号、平成11年所収
52 「社会福祉改革論の理論的含意」大阪府立大学社会福祉学部『社会問題研』第49巻第2号、平成12年所収
53 「社会福祉学研究の曲り角」鉄道弘済会『社会福祉研究』第82号、平成13年所収
54 「社会福祉学研究法とソーシャルワーク研究法」相川書房『ソーシャルワーク研究』第29巻第4号、平成16年所収
55 「社会福祉における理論と歴史の交錯」社会事業史学会『社会事業史研究』第32号、平成17年所収
56 「生活支援学の構想」東洋大学ライフデザイン学部『ライフデザイン学研究』第1号、平成18年所収
57 「格差・不平等社会の社会福祉―多様な生活困難への対応」鉄道弘済会『社会福祉研究』第97号、平成18年所収
58 「生活支援施策の史的展開」社会事業史学会『社会事業史研究』97号、平成12年所収
59 「ライフデザイン学部の到達点と課題」東洋大学『ライフデザイン学研究』第6号、平成23年所収
60 「人間らしく『住まう』ことを支援する」鉄道弘済会『社会福祉研究』第110号、平成23年所収

〔7〕翻訳

1 『社会福祉論の展望（下巻）』（P・E・ワインバーガー著／小松源助監訳）ミネルヴァ書房、昭和47年（分担個所＝4－3「集団養護の再評価、5「家庭における処遇」、5－7「専門職としてのソーシャルワークの確立をめざして」）

2 『社会福祉論の展望（上巻）』（P・E・ワインバーガー著／小松源助監訳）ミネルヴァ書房、昭和48年（分担個所＝2－4「社会改良におけるソーシャルワーカーの役割」、5「政治的活動と個別的処遇」、6「社会改良から社会保障へ」、8「政府と家族の役割」）

3 『現代アメリカの社会福祉論』（P・E・ワインバーガー著／小松源助監訳）ミネルヴァ書房、昭和53年（分担個所＝第Ⅰ部「ユダヤ主義とリベラリズム―保守的見解」、同「社会福祉の機能的視点」、第Ⅲ部「福祉改革と家族扶助計画」、第Ⅳ部「スラムにおけるワーカーの体験―福祉は慈善にすぎない」）

4 『アメリカ社会福祉の歴史』（W・トラットナー著）川島書店　昭和五三年

5 『アメリカ社会保障前史』（R・ルバヴ著）川島書店、昭和57年

6 『戦後社会福祉行政と専門職制度』（N・タタラ著／菅沼隆との共訳）筒井書房、平成9年（分担個所＝第4章「SCAPの活動とソーシャルワーク理論」、第5章「ポスト占領期ソーシャルワークの始まり」、結論）

〔8〕辞典等

1 『社会福祉の基礎知識』（項目執筆）（小倉襄二・小松源助・高島進編）有斐閣、昭和四八年

2 『社会福祉辞典』（項目執筆）（仲村優一・一番ケ瀬康子・重田信一・吉田久一編）誠信書房、昭和49年

3 『児童福祉法50講』（項目執筆）（佐藤進・高沢武司編）有斐閣、昭和51年
4 『ワークブック社会福』（項目執筆）（仲村優一・高沢武司・秋山智久との共編）有斐閣、昭和54年
5 『現代社会福祉事典』（項目執筆）（仲村優一ほか編）全国社会福祉協議会、昭和57年
6 『現代福祉学レキシコン』（項目執筆）（京極高宣ほか編）雄山閣、平成5年
7 『社会福祉士・介護福祉士のための用語集』（項目執筆）（定藤丈弘・川村佐和子との共編）誠信書房、平成9年
8 『福祉社会辞典』（項目執筆）（庄司洋子ほか編）弘文堂、平成11年
9 『社会福祉士・介護福祉士のための用語辞典』（項目執筆）（川村佐和子・白澤政和との共編）誠信書房、平成18年
10 『社会福祉発達史キーワード』（項目執筆）（金子光一との共編）有斐閣、平成21年

出典一覧

●第1章

1 『月刊 学術の動向』二〇〇八年十一月号、(財)日本学術協力財団発行、二〇〇八年十一月
2 『日本社会福祉学会第56回全国大会報告要旨集』日本福祉学会第56回全国大会事務局発行、二〇〇八年十月
3 『福祉研究センター年報 2008』創刊号、群馬社会福祉大学発行、二〇〇九年三月
4 『日本社会福祉学会第57回全国大会報告要旨集』日本福祉学会第57回全国大会事務局発行、二〇〇九年九月
5 『日本社会福祉学会第58回全国大会報告要旨集』日本福祉学会第58回全国大会事務局発行、二〇一〇年十月
6 『社会事業史研究』第三七号、日本事業史学会発行、二〇〇九年十二月

●**第2章**

1 『書斎の窓』五八五号、有斐閣発行、二〇〇九年六月
2 『学校連盟通信』第五一号、日本社会事業学校連盟事務局発行、二〇〇二年九月
3 『学校連盟通信』第五五号、(社)日本社会福祉教育学校連盟発行、二〇〇五年十月

●**第3章**

1 『大学時報』三〇三号、日本私立大学連盟発行、二〇〇五年七月
2 『ライフデザイン学研究』創刊号、東洋大学ライフデザイン学部発行、二〇〇六年三月
3 『ライフデザイン学研究』六号、東洋大学ライフデザイン学部発行、二〇一一年三月

●**第4章**

1 『学会ニュース』二四号、日本社会福祉学会発行、二〇〇〇年五月
2 『白山社会学研究』一三号、白山社会学会編集、東洋大学社会学部発行、二〇〇五年三月
3 『白山社会学研究』一四号、白山社会学会編集、東洋大学社会学部発行、二〇〇七年三月

4 『白山社会学研究』一五号、白山社会学会編集、東洋大学社会学部発行、二〇〇八年三月
5 『白山社会学研究』一六号、白山社会学会編集、東洋大学社会学部発行、二〇〇九年三月
6 『白山社会学研究』一七号、白山社会学会編集、東洋大学社会学部発行、二〇一〇年三月

社会福祉学《しゃかいふくしがく》の探求《たんきゅう》

2012年 2 月20日　第 1 刷発行

著　　者　古　川　孝　順
発 行 者　柴　田　敏　樹
印 刷 者　田　中　雅　博

発 行 所　株式会社 誠 信 書 房
〒112-0012　東京都文京区大塚3-20-6
電話 03 (3946) 5666
http://www.seishinshobo.co.jp/

創栄図書印刷　イマキ製本所　落丁・乱丁本はお取り替えいたします
検印省略　無断で本書の一部または全部の複写・複製を禁じます

Printed in Japan
ISBN978-4-414-60330-9 C1036